Donald Barthelme

Am Ende des mechanischen Zeitalters

Ausgewählte Prosa

1989
Insel-Verlag · Leipzig

Herausgegeben und mit einem Nachwort von Eva Manske
Aus dem Amerikanischen übertragen von einer Übersetzergruppe am Englischen Institut der Universität München (Endredaktion: Christian Enzensberger), von Marianne Frisch, Hanna und Adolf Muschg und Christoph Sorger

›Spiel‹, ›Report‹ und ›Der Tropf‹ wurden dem Band ›Unsägliche Praktiken, unnatürliche Akte‹ (Titel der Originalausgabe ›Unspeakable Practices, Unnatural Acts‹) entnommen; ›Satz‹, ›Der Glasberg‹ und ›City Life‹ dem Band ›City Life‹ (Titel der Originalausgabe ›City Life‹); ›Dem Pionier Paul Klee kommt ein Flugzeug abhanden, zwischen Milbertshofen und Cambrai, im März 1916‹ und ›Am Ende des mechanischen Zeitalters‹ dem Band ›Der Kopfsprung‹ (die amerikanischen Originale erschienen in den Bänden ›Sadness‹ bzw. ›Amateurs‹). ›Das Genie‹ und ›Daumier‹ wurden dem Band ›Am Boden zerstört‹ (Titel der Originalausgabe ›Sadness‹) entnommen und ›Nicht-Wissen‹ der Zeitschrift ›The Georgia Review‹.

ISSN 0233-1047
ISBN 3-7351-0058-9

Spiel

Shotwell behält die Jacks und den Gummiball in seinem Diplomatenkoffer und will mir nicht erlauben, damit zu spielen. Er spielt damit, für sich, sitzt auf dem Fußboden bei der Konsole Stunde für Stunde und leiert »eins-und, zwei-und, drei-und, vier-und« mit einer präzisen, wohlmodulierten Stimme, nicht laut genug, daß es stört, nicht leise genug, daß ich es vergessen kann. Ich weise Shotwell darauf hin, daß es zu zweit mehr Spaß macht, mit den Jacks zu spielen, als allein, aber er ist nicht interessiert. Ich habe ihn wiederholt um die Erlaubnis gebeten, für mich allein zu spielen, aber er schüttelt bloß den Kopf. »Warum?« frage ich. »Sie sind meine«, sagt er. Und wenn er fertig ist, wenn er sich gesättigt hat, wandern sie zurück in den Diplomatenkoffer.

Es ist unfair, aber ich kann nichts daran ändern. Ich bin wild darauf, sie in die Hand zu bekommen.

Shotwell und ich bewachen die Konsole. Shotwell und ich leben unter der Erde und bewachen die Konsole. Wenn bestimmte Dinge auf der Konsole vorgehen, müssen wir unsere Schlüssel in die entsprechenden Schlösser stecken und unsere Schlüssel umdrehen. Shotwell hat einen Schlüssel, und ich habe einen Schlüssel. Wenn wir unsere Schlüssel gleichzeitig umdrehen, dann fliegt der Vogel, gewisse Schaltungen werden betätigt, und der Vogel fliegt. Aber der Vogel fliegt nie. In einhundertdreiunddreißig Tagen ist der Vogel nicht geflogen. Inzwischen bewachen Shotwell und ich einander. Wir tragen jeder eine .45er, und wenn Shotwell sich sonderbar verhält, soll ich ihn erschießen. Wenn ich mich sonderbar verhalte, soll Shotwell mich erschießen. Wir bewachen die Konsole und denken daran, wie wir einander erschießen, und denken an den Vogel. Shotwells Verhalten mit den Jacks ist sonderbar. Ist es sonderbar? Ich weiß es nicht. Vielleicht ist er nur ein egoistischer Hund, vielleicht hat er einen Charakterfehler, vielleicht war seine Kindheit verdreht. Ich weiß es nicht.

Jeder von uns trägt eine .45er auf sich, und jeder von uns soll den andern erschießen, wenn der andere sich sonderbar verhält. Wie sonderbar ist sonderbar? Ich weiß es nicht. Zusätzlich zu der .45er habe ich eine .38er in meinem Diplomatenkoffer versteckt, von der Shotwell nichts weiß, und Shotwell hat eine .25-Kaliber-Beretta, von der ich nichts weiß, an seine rechte Wade geschnallt. Statt die Konsole zu bewachen, bewache ich manchmal mit Betonung Shotwells .45er, aber das ist nur eine List, nur ein Manöver, denn in Wirklichkeit bewache ich seine Hand, wenn sie in der Gegend seiner rechten Wade herumschlenkert. Wenn er beschließt, daß ich mich sonderbar verhalte, wird er mich nicht mit der .45er, sondern mit der Beretta erschießen. Ebenso gibt Shotwell vor, meine .45er zu bewachen, aber eigentlich bewacht er meine Hand, die lässig auf meinem Diplomatenkoffer ruht, meine Hand, die lässig auf meinem Diplomatenkoffer ruht, meine Hand. Meine Hand, die lässig auf meinem Diplomatenkoffer ruht.

Anfangs achtete ich sorgfältig darauf, mich normal zu verhalten. Desgleichen Shotwell. Unser Verhalten war peinlich normal. Regeln der Höflichkeit, Rücksichtnahme, Konversation und persönliche Angewohnheiten wurden gewissenhaft beobachtet. Aber dann zeigte sich, daß ein Irrtum unterlaufen war, daß unsere Ablösung ausblieb. Wegen eines Versehens. Wegen eines Versehens sind wir seit hundertdreiunddreißig Tagen hier. Als es klar wurde, daß ein Irrtum unterlaufen war, daß wir nicht abgelöst würden, lockerten sich die Regeln. Im Abkommen vom 1. Januar wurden neue Definitionen von Normalität festgelegt, und wir nannten es Das Abkommen. Tenuebestimmungen wurden gelockert, und die Essenszeiten sind nicht mehr streng fixiert. Wir essen, wenn wir Hunger haben, und schlafen, wenn wir müde sind. Rücksichten auf Rangfolge und Vortritt wurden vorübergehend beiseite geschoben, ein hübsches Entgegenkommen von seiten Shotwells, der Hauptmann ist, während ich Oberleutnant bin. Einer von uns bewacht die ganze Zeit über die Konsole, statt daß wir beide sie die ganze Zeit über bewachen, außer wenn wir beide auf den Beinen sind. Einer von uns bewacht die Konsole die ganze Zeit, und wenn der Vogel fliegt, weckt einer den andern auf, und wir drehen gleichzeitig unsere Schlüssel in den Schlössern, und der Vogel fliegt. Unser System bringt eine Verzögerung von vielleicht zwölf Sekunden mit sich, aber das ist mir gleichgültig, weil ich mich nicht wohl fühle, und Shotwell ist es gleichgültig, weil er nicht er selbst ist. Nachdem das Abkommen unterzeichnet war, holte Shotwell die Jacks und den Gummiball aus seinem Diplomatenkoffer hervor, und ich fing an, eine Serie von Beschreibungen von Formen aufzusetzen, wie sie in der Natur vorkommen, einer Muschel etwa, eines Blattes, eines Steins, eines Tiers. Auf den Wänden.

Shotwell spielt mit den Jacks, und ich halte Beschreibungen natürlicher Formen auf den Wänden fest.

Shotwell nimmt an einem Armee-Fortbildungskurs teil, der auf das Magisterexamen in Betriebswirtschaft an der Universität Wisconsin vorbereitet (aber wir sind nicht in Wisconsin, wir sind in Utah, Montana oder Idaho). Als wir runterfuhren, war es entweder Utah, Montana oder Idaho, ich kann mich nicht erinnern. Wir sind seit hundertdreiunddreißig Tagen hier, wegen eines Versehens. Die blaßgrünen Eisenbetonwände schwitzen, und die Luftkühlung schaltet sich regellos an und ab, Shotwell liest ›Einführung ins Marketing‹ von Lassiter und Munk und macht sich mit einem blauen Kugelschreiber Notizen. Shotwell ist nicht er selbst, aber ich weiß nichts davon, er bietet einen gefaßten Anblick und liest ›Einführung ins Marketing‹ und macht seine vorbildlichen Notizen mit einem blauen Kugelschreiber, während er mit einem Drittel seiner Aufmerksamkeit die .38er in meinem Diplomatenkoffer überwacht. Ich fühle mich nicht wohl.

Seit hundertdreiunddreißig Tagen sind wir hier, wegen eines Versehens. Obwohl wir nicht mehr genau wissen, was Versehen ist und was Absicht. Vielleicht geht die Absicht dahin, daß wir für immer hierbleiben, oder wenn nicht für immer, so doch wenigstens für ein Jahr, dreihundertfünfundsechzig Tage lang. Oder wenn nicht für ein Jahr, so doch für eine Zahl von Tagen, die ihnen bekannt ist, nicht aber uns, zum Beispiel für zweihundert Tage. Oder vielleicht beobachten sie unser Verhalten auf irgendeine Art, mit Antennen irgendwelcher Art, vielleicht bestimmt unser Verhalten die Anzahl der Tage. Es kann sein, daß sie Freude haben an uns, an unserem Verhalten, nicht in jeder Einzelheit, aber insgesamt. Vielleicht ist die ganze Sache ein großer Erfolg, vielleicht ist die ganze Sache ein Experiment, und das Experiment ist ein großer Erfolg. Ich weiß es nicht. Aber ich habe den Verdacht, der einzige Weg, sonnenliebende Geschöpfe in ihre blaßgrünen schwitzenden Eisenbetonräume unter der Erde zu locken, sei zu behaupten, das System befinde sich zwölf Stunden in Betrieb und zwölf Stunden außer Betrieb. Und uns dann unten einzuschließen für eine Anzahl von Tagen, die ihnen bekannt ist, nicht aber uns. Wir essen gut, obwohl die tiefgekühlten Enchilladas nach dem Auftauen feucht und die tiefgekühlten Schokoladetopfkuchen sauer und fade sind. Wir schlafen unruhig und gequält. Ich höre Shotwell im Schlaf schreien, widersprechen, anklagen, manchmal fluchen, manchmal weinen in seinem Schlaf. Wenn Shotwell schläft, versuche ich das Schloß an seinem Diplomatenkoffer zu knacken, um an die Jacks heranzukommen. Bisher ist es mir nicht gelungen. Aber auch Shotwell ist es nicht gelungen, die Schlösser an meinem Diplomatenkoffer zu knacken, um an die .38er heranzukommen. Ich habe die Spuren auf der glänzenden Oberfläche gesehen. Ich lachte, in der Latrine, blaßgrüne Wände schwitzten und die Luftkühlung flüsterte, in der Latrine.

Ich halte Beschreibungen natürlicher Formen auf den Wänden fest, indem ich sie mit einem Diamanten in die gekachelte Oberfläche ritze. Der Diamant ist ein zweieinhalbkarätiger Solitär, den ich in meinem Diplomatenkoffer hatte, als wir herunterkamen. Er war für Lucy. Die Südwand des Raums, in dem die Konsole steht, ist bereits voll. Ich habe eine Muschel, ein Blatt, einen Stein, Tiere, einen Baseball-Schläger beschrieben. Ich bin mir bewußt, daß der Baseball-Schläger keine Naturform ist. Ich habe ihn nun doch beschrieben. »Für den Baseball-Schläger«, sagte ich, »gilt, daß er aus Holz ist. Es gilt für ihn, daß er einen Meter lang ist oder ein bißchen länger, am einen Ende dick, sich verjüngend am andern, um einen bequemen Griff zu erlauben. Für das Griffende gilt, daß es einen leichten Wulst bietet, eine Schwelle, um Abrutschen zu verhindern.« Meine Beschreibung des Baseball-Schlägers belief sich auf 4500 Wörter, alle mit einem Diamanten auf die Südwand geritzt. Ob Shotwell liest, was ich geschrieben habe? Ich weiß es nicht. Ich bin mir bewußt, daß Shotwell mein Schreibverhalten etwas sonderbar findet. Und doch ist es nicht sonderbarer als sein Verhalten mit den

Jacks, oder an dem Tag, als er mit schwarzen Badehosen erschien, die .25er Beretta an seine Wade geschnallt, sich über die Konsole stellte und mit seinen beiden ausgespannten Armen die Entfernung zwischen den Schlössern auszumessen versuchte. Er konnte es nicht, ich hatte es schon versucht, über der Konsole stehend und beide Arme ausgespannt, der Abstand ist zu groß. Es reizte mich, eine Bemerkung zu machen, aber ich machte keine Bemerkung, Bemerkung würde Gegenbemerkung provoziert haben, die Bemerkung hätte weiß Gott wohin geführt. Sie hatten sich in ihrer grenzenlosen Geduld, in ihrer grenzenlosen Voraussicht, in ihrer grenzenlosen Weisheit bereits einen Mann vorgestellt, der mit seinen beiden ausgespannten Armen über der Konsole steht, mit seinen beiden ausgespannten Armen die Entfernung zwischen den Schlössern auszumessen versucht.

Shotwell ist nicht er selbst. Er hat gewisse Annäherungen versucht. Die Schwere seiner Botschaft ist nicht klar. Sie hat etwas mit den Schlüsseln zu tun, mit den Schlössern. Shotwell ist ein sonderbarer Mensch. Er scheint von unserer Situation weniger betroffen zu sein als ich. Er geht stur seinen Geschäften nach, bewacht die Konsole, studiert die ›Einführung ins Marketing‹, läßt seinen Gummiball auf dem Fußboden schnellen, gleichmäßig, rhythmisch, gewissenhaft. Er scheint von unserer Situation weniger betroffen zu sein als ich. Er ist stur. Er sagt nichts. Aber er hat gewisse Annäherungen versucht, gewisse Annäherungen sind versucht worden. Ich bin nicht sicher, ob ich sie verstehe. Sie haben etwas mit den Schlüsseln zu tun, mit den Schlössern. Shotwell führt etwas im Schilde. Stur schält er das glänzende Silberpapier von den tiefgekühlten Enchilladas, stur stopft er sie in den elektrischen Backofen. Aber er führt etwas im Schilde. Aber es liegt ein Tauschgeschäft in der Luft. Ich bestehe auf einem Tauschgeschäft. Ich führe etwas im Schilde.

Es geht mir nicht gut. Ich kenne unser Zielobjekt nicht. Sie sagen uns nicht, welche Stadt dem Vogel zum Ziel gesetzt ist. Das ist Planung. Damit bin ich nicht befaßt. Ich bin damit befaßt, die Konsole zu bewachen, und wenn bestimmte Dinge auf der Konsole vorgehen, meinen Schlüssel im Schloß umzudrehen. Shotwell läßt den Gummiball auf dem Fußboden schnellen, gleichmäßig, stur, rhythmisch. Ich bin wild darauf, den Ball in die Hand zu bekommen, die Jacks. Wir sind seit hundertdreiunddreißig Tagen hier, wegen eines Versehens. Ich schreibe auf die Wände. Shotwell leiert »eins-und, zwei-und, drei-und, vier-und« mit einer präzisen, wohlmodulierten Stimme. Jetzt schließt er die Jacks und den Gummiball in seine Hände ein und klappert vielsagend mit ihnen. Ich weiß nicht, welche Stadt dem Vogel zum Ziel gesetzt ist. Shotwell ist nicht er selbst.

Manchmal kann ich nicht schlafen. Manchmal kann Shotwell nicht schlafen. Manchmal, wenn Shotwell mich in seinen Armen wiegt, mich in den Schlaf schaukelt und dazu ›Guten Abend, gut Nacht‹ von Brahms singt, oder wenn ich Shotwell in meinen Armen schaukle und singend in den Schlaf wiege, verstehe ich, was Shotwell von mir will. In solchen Augenblicken sind wir uns sehr nahe. Aber nur, wenn er mir mal die Jacks läßt. Das ist nur fair. Er will, daß ich etwas mit meinem Schlüssel mache, während er etwas mit seinem Schlüssel macht. Aber nur, wenn er mich mal dran läßt. Das ist nur fair. Mir geht es nicht gut.

Report

Unsere Gruppe ist gegen den Krieg. Aber der Krieg geht weiter. Ich wurde nach Cleveland geschickt, um mit den Technikern zu sprechen. Die Techniker hatten eine Tagung in Cleveland. Ich sollte sie überreden, nicht zu tun, was sie tun wollten. Ich nahm die United um 4.45 von La Guardia, die um 6.13 in Cleveland ankommt. Cleveland ist dunkelblau zu jener Stunde. Ich ging gleich zum Motel, wo die Techniker tagten. Hunderte von Technikern nahmen an der Tagung in Cleveland teil. Ich bemerkte viele Brüche unter den Technikern, Bandagen, Streckverbände. Ich bemerkte in sechs Fällen einen Bruch des Kahnbeins der Hand, wie mir schien. Ich bemerkte zahlreiche Brüche des Schultergürtels, des Os calcis, des Beckengürtels. Ich bemerkte einen beträchtlichen Anfall von Schwerarbeiterbrüchen. Ich konnte mir diese Brüche nicht erklären. Die Techniker stellten Berechnungen an, nahmen Messungen vor, skizzierten an der Wandtafel, tranken Bier, warfen mit Brot, bohrten Auftraggeber an, schleuderten Gläser in den Kamin. Sie waren freundlich.

Sie waren freundlich. Sie waren voller Liebe und Information. Der Oberingenieur trug einen Augenschirm. Patella in Monkschem Streckverband, allem Anschein nach Meniskusriß. Er stand in einem Wust von Bierflaschen und Mikrophonkabeln. »Nehmen Sie von diesem Huhn à la Isambard Kingdom Brunel the Great Ingineer«, sagte er. »Und erklären Sie, wer Sie sind und was wir für Sie tun können. Auf was reisen Sie, Verehrtester?«

»Software«, sagte ich. »In jedem Sinn. Ich vertrete hier eine kleine Gruppe von interessierten Parteien. Wir sind an Ihrer Sache interessiert, die offensichtlich funktioniert. Inmitten von soviel Fehlfunktion ist Funktionieren interessant. Die Sachen der andern klappen offensichtlich nicht. Die Sache des State Department klappt offensichtlich nicht. Die Sache der UNO klappt offensichtlich nicht. Die Sache der demokratischen Linken klappt offensichtlich nicht. Buddhas Sache –«

»Fragen Sie uns nur aus über unsere Sache, die offensichtlich klappt«, sagte der Oberingenieur. »Wir wollen Ihnen unsere Herzen und unsere Köpfe öffnen, Software-Mann, weil wir wollen, daß die große Laiengemeinde uns versteht und liebt und daß unsere Wunderdinge von dieser Gemeinde gewürdigt werden, für die wir täglich unbesungen Tonnen von neuen Wunderdingen produzieren, eins immer lebenserhaltender als das andere. Fragen Sie uns nur aus. Wollen Sie etwas wissen über die Metallurgie evaporierter dünner Schichten? Monolithische und hybridische Transistorprozesse? Die Algebra der Ungleichheiten? Optimierungstheorie? Komplexe geschlossene und offene Mikrominiatur-Loop-Systeme bei hohen Geschwindigkeiten? Mathematische Kostenforschung mit fixen Variablen? Epitaxiale Ablagerungen von Halbleiterstoffen? Massive Kontaktflächen-Raumtaster? Wir haben auch Spezialisten auf dem Gebiet des Wiesenschaumkrauts, des Stachelschwanzes und des Dumdumgeschosses, soweit diese mit Aspekten der heutigen technologischen Expansion in Zusammenhang stehen, und das tun sie ganz verflucht.«

Dann sprach ich mit ihm über den Krieg. Ich sagte dieselben Dinge, die man immer sagt, wenn man gegen den Krieg spricht. Ich sagte, daß der Krieg falsch sei. Ich sagte, daß große Länder keine kleinen Länder niederbrennen sollten. Ich sagte, daß die Regierung eine Reihe von Irrtümern begangen habe. Ich sagte, daß diese Irrtümer, einst klein und verzeihlich, jetzt riesengroß und unverzeihlich seien. Ich sagte, daß die Regierung ihre ursprünglichen Irrtümer unter Bergen von neuen Irrtümern zu begraben suche. Ich sagte, die Regierung sei von Irrtümern durchseucht, berauscht davon. Ich sagte, daß zehntausend von unseren Soldaten bereits beim Vollzug der Irrtümer unserer Regierung umgekommen seien. Ich sagte, daß Zehntausende von feindlichen Soldaten und Zivilisten umgekommen seien aufgrund verschiedener Irrtümer auf unserer und auf ihrer Seite. Ich sagte, daß wir für Irrtümer verantwortlich seien, die in unserem Namen begangen würden. Ich sagte, man dürfe nicht zulassen, daß die Regierung noch weitere Irrtümer begehe.

»Ja, ja«, sagte der Oberingenieur, »es ist zweifellos viel Wahres an dem, was Sie sagen, aber wir können doch unmöglich den Krieg *verlieren,* nicht wahr? Und aufhören heißt verlieren, nicht wahr? Wenn man den Krieg als Prozeß und das Aufhören als Fehlschlag betrachtet. Wir wissen nicht, *wie* man einen Krieg verliert. Diese Technik fehlt bei uns. Unser Aufmarsch liquidiert ihren Aufmarsch, so weit kennen wir uns aus. Das ist der Prozeß. Das sind die Tatsachen.«

»Aber lassen wir diese entmutigenden kleinlauten kontraproduktiven Gespräche. Ich habe da ein paar neue Wunderdinge, die ich gern kurz mit Ihnen besprechen möchte. Ein paar neue Wunderdinge, die grade eben so weit sind, daß sich der staunende Laie daran weiden kann. Nehmen Sie zum Beispiel das Gebiet der von Computern realtime-online kontrollierten Wunschverdampfung. Wunschverdampfung wird zentral sein für die Auseinandersetzung mit den wachsenden Erwartungen der Erdbevölkerung, welche, wie Sie wissen, entschieden zu schnell wachsen.«

Ich bemerkte dann, über den Raum verteilt, allerhand Querbrüche der Elle. »Die Entwicklung des Pseudowiederkäuermagens für unterentwickelte Völker«, fuhr er fort, »ist eine unserer interessanten Sachen, für die Sie sich interessieren sollten. Mit dem Pseudowiederkäuermagen können Sie Vorgekautes nochmals kauen: das heißt: Gras essen. Blau ist auf der ganzen Welt die beliebteste Farbe, und aus diesem Grunde arbeiten wir mit bestimmten Sorten unserer einheimischen *Poa Pratensis Kentucky,* oder Bluegrass, als Grundfutter-Input für den p/w Verdauungszyklus, was auch der Sache mit unserer Zahlungsbilanz, Sie wissen schon, eine Spritze geben würde ...« Ich bemerkte dann um mich herum eine große Zahl von Mittelfußknochenbrüchen in Banjo-Schienen. »Das Unternehmen Känguruh ... letztes Jahr achthunderttausend geerntet ... höchster Prozentsatz von eßbarem Protein bei allen bisher beobachteten Pflanzenfressern ...«

»Sind neue Känguruhs gepflanzt worden?«

Der Techniker sah mich an.

»Ich habe das Gefühl, Sie betrachten unsere Sache mit Haß und Mißgunst«, sagte er. »Alle, die nichts zustande bringen, hassen unsere Sache und nennen sie menschenfeindlich, was überhaupt keine sinnvolle Art und Weise ist, von unserer Sache zu reden. Nichts Mechanisches ist mir fremd«, sagte er (Bernsteinflecken ließen in seinem Augenschirm Lichtblitze aufspringen), »weil ich menschlich bin, sozusagen, und wenn ich es ausdenke, dann ist ›es‹

auch menschlich, was ›es‹ auch sein mag. Ich will Ihnen sagen, Software-Mann, wir sind verdammt zurückhaltend, was diesen kleinen Krieg betrifft, an dem Sie, wie Sie angeben, so sehr interessiert sind. Funktion heißt die Parole, und unsere Sache funktioniert wie wild. Es gibt Dinge, die wir tun könnten und nicht getan haben. Schritte, die wir unternehmen könnten und nicht unternommen haben. Diese Schritte sind, im rechten Licht besehen, dem Licht unseres wohlverstandenen Eigeninteresses, durchaus zu rechtfertigen. Wir könnten ungehalten werden, natürlich. Wir könnten natürlich *die Geduld verlieren.*

Wir könnten natürlich Tausende über Tausende Einheiten von Titaniumdraht loslassen, achtzehn Zoll lang, mit einem Durchmesser von 0,0005 Zentimetern (das heißt unsichtbar), die selbsttätig über den Boden kriechen und, wenn sie einen Feind wittern, seine Hosenbeine hochklettern und sich um seinen Hals schlingen. Wir haben das entwickelt. Das ist im Bereich unserer Möglichkeiten. Wir könnten natürlich in den oberen Luftschichten unser neues verbessertes Kugelfisch-Toxin freisetzen, das eine sofortige Identitätskrise auslöst. Kein besonderes technisches Problem dabei. Das ist fast lächerlich einfach. Wir könnten natürlich bis zu zwei Millionen Maden innerhalb von vierundzwanzig Stunden in ihren Reis praktizieren. Die Maden sind bereit, massiert in geheimen Sammelstationen in Alabama. Wir haben Pfeile, die unter die Haut dringen und die Pigmentierung des Feindes scheckig machen. Wir haben Fäule, Brand und Rost, die ihm das Alphabet zerfressen. Zucker! Wir haben einen Hüttenschrumpfstoff, welcher die Bambusfasern durchdringt und bewirkt, daß sie, die Hütte, ihre Bewohner erdrosselt. Er wirkt nur nach zehn Uhr abends, wenn die Leute schlafen. Ihre Mathematik ist einer eitererregenden Irrationalzahl ausgeliefert, die wir erfunden haben. Wir haben einen Stamm von Fischen, der darauf dressiert ist, ihre Fische anzugreifen. Wir haben das tödliche hodenzerstörende Telegramm. Die Telegraphengesellschaften arbeiten mit uns zusammen. Wir haben eine grüne Substanz, die, nun, von der möchte ich lieber nicht reden. Wir haben ein Geheimwort, das, wenn man es ausspricht, vielfältige Brüche bei allen Lebewesen in einem Gebiet, so groß wie vier Fußballfelder, herbeiführt.«

»Darum –«

»Ja. So ein verfluchter Idiot konnte seinen Mund nicht halten. Die Hauptsache ist: Wir können die gesamte Lebensstruktur des Feindes nach Belieben *zerreißen, verderben, verschlingen* und *zerschmettern*. Aber das ist nicht das Interessante daran.«

»Sie zählen diese Möglichkeiten mit ungewöhnlicher Genugtuung her.«

»Ja, ich sehe schon, daß sich hier ein bißchen viel Genugtuung breitmacht. Aber Sie müssen auch sehen, daß diese Fähigkeiten an und für sich hochtechnische und komplexe und interessante Probleme und Hürden repräsentieren, für die unsere Boys viele tausend Stunden von harter Arbeit und technischem Genie hergegeben haben. Und daß die Auswirkungen oft von unverantwortlichen Opfern grob übertrieben werden. Und daß die ganze Sache eine phantastische Reihe von Triumphen für das Konzept der multidisziplinären problemlösenden Teamarbeit darstellt.«

»Ich weiß das zu würdigen.«

»Wir *könnten* diese ganze Technologie auf einmal loslassen. Sie können sich vorstellen, was dann passieren würde. Aber das ist nicht das Interessante daran.«

»Was ist das Interessante daran?«

»Das Interessante daran ist, daß wir *sittliches Bewußtsein* haben. Wir haben es auf Lochkarten, das vielleicht fortgeschrittenste und empfindlichste sittliche Bewußtsein, das die Welt je gesehen hat.«

»Weil wir es auf Lochkarten haben?«

»Es berücksichtigt alle Rücksichten bis ins letzte und feinste Detail«, sagte er. »Es beherrscht sogar Spitzfindigkeiten. Wie können wir – mit diesem großartigen neuen moralischen Instrument – noch fehlgehen? Ich kann zuversichtlich voraussagen: Obwohl wir dies ganze glanzvolle neue Waffenarsenal, von dem ich Ihnen erzählt habe, einsetzen könnten, *werden wir es nicht tun.*«

»Wir werden es nicht tun?«

Ich nahm die United um 5.44 von Cleveland, die um 7.19 in Newark ankommt. New Jersey ist hellrosa zu jener Stunde. Lebendige Dinge bewegen sich zu jener Stunde auf der Oberfläche von New

Jersey, die einander nur auf die herkömmliche Art belästigen. Ich erstattete der Gruppe Bericht. Ich betonte die Freundlichkeit der Techniker. Ich sagte, es ist alles in Ordnung. Ich sagte, wir haben sittliches Bewußtsein. Ich sagte, *wir werden es nicht tun.*

Sie glaubten mir nicht.

Der Tropf

Edgar bereitete sich darauf vor, die Nationale Schriftsteller-Prüfung zu machen, eine Prüfung von fünf Stunden und fünfzig Minuten, für sein Diplom. Er war in seinem Zimmer und hatte Angst. Die Aussicht, nochmals diese Prüfung zu machen, stürzte ihn in eine Welt von Pein. Er hatte sie vorher schon zweimal gemacht, mit üblen Ergebnissen. Jetzt studierte er ein Buch, das zwar nicht die Fragen enthielt, die in der Prüfung vorkamen, aber ähnliche Fragen. »Barbara, wenn ich diesmal nicht groß rauskomme, dann weiß ich nicht, was wir machen sollen.« Barbara fuhr fort, sich an das Bügelbrett zu wenden. Edgar dachte daran, etwas zu seinem jüngeren Kind zu sagen, seiner zweijährigen Tochter Rose, die einen weißen Frotteebademantel trug und wie ein winziger Boxer aussah, der gerade in den Ring steigen will. Sie waren alle im Zimmer, während er für die Prüfung lernte.

»Es ist der schriftliche Teil, wo ich durchraßle«, sagte Edgar finster zu allen Anwesenden. »Im Mündlichen bin ich am besten.« Er blickte den Rücken seiner Frau an, der auf ihn zeigte. »Wenn ich die Sache diesmal nicht schmeiße, weiß ich nicht, was wir machen sollen«, wiederholte er. »Barb?« Aber sie unterließ es, auf diese unausgesprochene Frage zu antworten. Sie hatte das Gefühl, daß es eine trügerische Hoffnung war, wenn er in diese Prüfung stieg, bei der er schon zweimal traurig durchgefallen war und immer vollkommen durchgedreht und schwarz vor Angst, wenn es wieder soweit war. Jetzt wollte sie diesem Schauspiel nicht mehr zusehen, und deshalb drehte sie ihm den Rükken.

»Der mündliche Teil«, fuhr Edgar aufmunternd fort, »ist 1A O. K. Ich kann dir zum Beispiel eine ganze Liste von Antworten hersagen, so gut weiß ich Bescheid. Hör zu, hier ist eine Antwort, weißt du die Frage?« Barbara, die sehr sexuell attraktiv war (deshalb war Edgar auf sie verfallen, vor vielen Jahren), aber auch tief niederträchtig, sagte nichts. Sie beschäftigte sich mit dem schweigsamen Kind Rose.

»Hier ist die Antwort«, sagte Edgar. »Die Antwort ist Julia Ward Howe. Wie heißt die Frage?«

Diese Antwort war zu herausfordernd, als daß Barbara lange hätte widerstehen können, denn sie wußte die Frage. »Wer hat die ›Battle Hymn of the Republic‹ geschrieben?« sagte sie. »Es gibt keinen erwachsenen Menschen in den Vereinigten Staaten, der das nicht weiß.«

»Du hast recht«, sagte Edgar unzufrieden, denn er hätte lieber gesehen, wenn die Antwort ein bißchen weiter hergeholt gewesen wäre, eine, zu der sie die Frage nicht gewußt hätte. Aber sie war vor ihrer Ehe eine Zeitlang Nutte gewesen, und er konnte sich auf dieses Gebiet verlegen, wenn ihr der Kamm zu sehr schwoll. »Willst du es mit einer andern versuchen?«

»Edgar, ich *glaube* nicht mehr an diese Prüfung«, sagte sie kalt.

»Ich glaube nicht an dich, Barbara«, gab er zurück.

Diese Bemerkung rief Verstörung und Wut in ihr wach. Einen Augenblick erwog sie, ihm eins überzuziehen, aber dann bekam sie es mit der Angst, und so kehrte sie ihm wieder den Rücken zu und dachte an das gepriesene Diplom. Mit einem Diplom würde er für alle die großen und wichtigen Zeitschriften schreiben können, und es würde zur Abwechslung einmal etwas Geld im Hause sein, nicht mehr nur das, was sie von seinem Bruder und der Arbeitslosenunterstützung bekamen.

»*Du* mußt diese Nationale Schriftstellerprüfung schließlich nicht bestehen«, schoß er hinter ihr her. Dann, zur Begütigung, gab er ihr eine weitere Antwort. »Sachs, Handschar, Zweihänder, Flamberg.«

»Ist das eine Antwort?« fragte sie hinter ihrem Rücken hervor.

»Und ob. Wie lautet die Frage?«

»Ich weiß nicht«, gab sie zu, nicht unzufrieden, daß sie sich wieder in der weiblichen Rolle der Unwissenden befand.

»Das sind vier Namen für ›Schwert‹. Sie sind archaisch.«

»Aha, darum habe ich sie nicht gewußt.«

»Offensichtlich darum«, sagte Edgar mit einiger Bosheit, denn Barbara neigte manchmal dazu, offensichtliche Dinge zu sagen, nur damit sie gesagt waren. »Man läßt hin und wieder ein solches Wort einfließen, um den Stil aufzupolieren«, erklärte er. »Es ist zwar ein altes Wort, aber es ist so alt, daß es wieder neu ist. Man muß nur darauf achten, daß der Leser aus dem Zusammenhang erschließen kann, was es heißt. Man will ja nicht einfach undurchsichtig sein.« Er liebte es, seiner Frau die Tricks des Metiers zu erklären, und sie tat ein bißchen, als interessiere sie sich dafür.

»Soll ich dir vorlesen, was ich für den schriftlichen Teil geschrieben habe?«

Barb sagte ja, mit einem Blick voller Schmerzen, denn sie empfand noch immer sehr deutlich, wo er hinauswollte.

»Dies ist der Anfang«, sagte Edgar und ordnete sein gelbes Manuskriptpapier.

»Was ist der Titel?« fragte Barbara. Sie hatte sich jetzt zu ihm umgedreht.

»Ich habe noch keinen Titel«, sagte Edgar. »Wie gesagt, dies ist der Anfang.« Er begann, laut zu lesen.

»In der Stadt A ----, im Distrikt Y ----, lebt eine gewisse Madame A----, die Gemahlin des Barons A ----, der in den Diensten des jungen Friedrich II. von Preußen stand. Der Baron, ein Mann von ungewöhnlicher Tüchtigkeit, hat sich hauptsächlich durch seinen berühmten und unerklärlichen Fehlgriff in der Schlacht von Kolin einen Namen gemacht: indem er die von ihm befehligte Heeressäule in einem entscheidenden Augenblick des Kampfes zurücknahm, zog er sich die hauptsächlichste Schuld an Friedrichs Niederlage zu, in welcher auf preußischer Seite 13 000 *von* 33 000 *Mann verlorengingen. Nun fügte es sich so, daß das Schloß, in welchem Madame A ---- Schutz gesucht hatte, unweit des Schlachtfelds gelegen war; ja, der Rückzug des Korps ihres Gatten rückte das Schloß selbst in die äußerste Gefahr; und in der nämlichen Stunde, da Madame A ---- von einem Hauptmann Orsini erfuhr, daß ihr Gatte Hand an sich gelegt habe, wurde ihr auch die Nachricht überbracht, daß eine Abteilung von Panduren, der brutalen und weithin gefürchteten ungarischen leichten freien Kavallerie, die Schloßtore berannte.«*

Edgar legte eine Atempause ein.

Barb sah ihn mit einiger Überraschung an. »Der Anfang wirft mich um«, sagte sie. »Mehr als sonst, meine ich.« Eine schwache Hoffnung stieg in ihr auf, und sie setzte sich auf das Sofabett.

»Danke«, sagte Edgar. »Soll ich dir die Verwicklung vorlesen?«

»Man zu.«

Edgar trank etwas Wasser aus dem Glas neben ihm.

»Der Mann, der diese furchtbare Zeitung überbrachte, erfreute sich einer besondern Stellung bei der Dame; er war ihr Liebhaber und war es doch wieder nicht. Giacomo Orsini, zweiter Sohn einer vornehmen Familie zu Siena, fühlte sich als Jüngling zum geistlichen Stande berufen. Er war Priester geworden, kein Priester von der prächtigen Sorte, die in Rom und in den großen Häusern Karriere machen, sondern ein bescheidener Dorfpriester im Norden seines Landes. Hier aber widerfuhr ihm ein einzigartiges Mißgeschick. Friedrich Wilhelm I., dem Vater des gegenwärtigen Herrschers, beliebte es, wie bekannt, die vortrefflichste Armee Europas aufzubauen. Das kleine Preußen war außerstande, Männer in genügender Zahl aufzubringen, um diesen Ehrgeiz zu befriedigen; so durchstreiften seine Werber das ganze Europa, und wen sie nicht, durch die Aussicht auf beträchtliche Beute, bewegen konnten, in die Dienste des Königs zu treten, den preßten sie mit Gewalt hinein. Nun hatten es Friedrich großgewachsene Männer über die Maßen angetan, und er hatte sich, zu seiner Leibwache, mit einem Regiment von Riesen umgeben, das dazumal viel bespöttelt wurde, aber nichtsdestoweniger einen kühnen und entsetzlichen Anblick bot. Zu seinem Unglücke war der Priester Orsini ein hochgewachsener Mann, eindrucksvoll von Zügen und Anstand zumal; er wurde geradewegs vom Altare entführt, als er die Messe las, den Leib des Herrn noch in seinen Händen –«

»Das ist sehr aufregend«, warf Barb dazwischen, und in ihren Augen erschien echtes Vergnügen und Begeisterung.

»Danke«, sagte Edgar und fuhr fort zu lesen.

»– und diente zehn Jahre in der Riesengarde. Beim Tode Friedrich Wilhelms wurde die Garde abgedankt, eine Sparmaßnahme unter anderen; aber der ehemalige Priester, der sich inzwischen an das militärische Leben gewöhnt und sogar Geschmack daran gefunden hatte, nahm, im Range eines Hauptmanns, wieder Dienst unter dem neuen König.«

»Ist das historisch bewiesen?« fragte Barbara.

»Es steht nicht im Widerspruch zu dem, was man weiß«, beruhigte sie Edgar.

»Dem Stabe des Barons A ---- zugeteilt, und infolgedessen ein häufiger Gast im Hause des letzteren, verfiel er den Reizen der liebenswürdigen Inge, Madame A ----, einer Frau, die ihrem Gatten an Jahren beträchtlich nachgab und viele treffliche Eigenschaften in sich vereinigte. Eine tiefe Neigung befestigte sich zwischen ihnen, mit der Grille, daß sie weder von seiner Seite dem entscheidenden Schritt zugeführt noch von der ihrigen im mindesten eingestanden ward. Beide aber waren sich der Gegenwart derselben bewußt, zogen heimlich Nahrung daraus und schöpften viel Vergnügen eins aus der Nähe des andern. Aber dieser annehmliche Stand der Dinge hatte auch seine betrübliche Seite, denn obzwar Orsini in dieser Angelegenheit die größte Delikatesse walten ließ, hielt er nichtsdestoweniger dafür, daß er, indem er auch nur sich selber seine Neigung zu Madame A ---- eingestand, seinem Gönner, dem Baron, zu nahe getreten sei, den er als einen aufrechten und ehrenhaften Mann kannte und der ihm, zum Überflusse, mancherlei Huld erwiesen hatte. In dieser Stimmung sah Orsini sich selbst gewissermaßen als einen Schakal, herumlungernd am Rande der Häuslichkeit seines Wohltäters, welche harmonisch und unversehrt gewesen, jetzt aber, in wie geringem Grade auch immer, kompromittiert worden war.«

Rose, das Kind, stand in ihrem weißen Bademantel da und sah ihren Vater an, der so lange redete, und mit einer so dramatisch bebenden Stimme.

»Der Baron, von seiner Seite, war keineswegs unempfindlich gegen die Leidenschaft, welche zwischen seiner jungen Frau und dem schönen Sienesen gleichsam im Stande der Verborgenheit vorhanden war. Ja noch mehr, sein Wissen um ihren Verkehr, den er sich weit über den Punkt, bei dem er tatsächlich angelangt war, hinausgediehen dachte, hatte ihn kopfüber in ein entsetzliches Verbrechen gestürzt: daß er nämlich die alles entscheidende Truppe bei Kolin zurückhielt, wofür die Geschichte ihn so strenge gerichtet, war weder ein strategischer Irrtum noch eine Anwandlung von Kleinmut, sondern ein willentlicher Akt mit dem Zwecke, das Schloß und damit die Liebenden, da er es so eingerichtet hatte, daß sie dort zusammen waren, der Mordlust der Panduren zu entblößen. Und was den vorgeblichen Selbstmord betraf, so war auch dieser nur eine grausame Farce; er hatte sich verborgen und lebte.«

Edgar hielt inne.
»Das überstürzt sich ja«, sagte Barbara voller Respekt.
»Na, soll ich dir den Schluß vorlesen?« fragte Edgar.
»Den Schluß? Kommt schon der Schluß?«
»Soll ich dir den Schluß vorlesen?« wiederholte er.
»Ja.«
»Ich habe den Schluß, aber ich habe die Mitte nicht«, sagte Edgar ein bißchen beschämt.
»Du hast die Mitte nicht?«
»Soll ich dir den Schluß lesen oder nicht?«
»Ja, lies mir den Schluß.« Die Hoffnung auf eine Atelierwohnung, der sie vorübergehend nachgehangen hatte, schwamm ihr davon bei der Nachricht, daß es keine Mitte gab.
»Der letzte Absatz geht so:
»Während dieser Vorkommnisse komponierte Friedrich in seinem Schloß zu Berlin, um sich über das Debakel von Kolin zu trösten, eine Flötensonate, von welcher der Kritiker Guilda bemerkt hat, sie sei um nichts weniger lieblich als die Sonaten von Georg Philipp Telemann.«
»Das ist ironisch«, sagte sie wissend.
»Ja«, stimmte Edgar ungeduldig zu. Er war so sprunghaft wie Popcorn.
»Aber was ist mit der Mitte?«
»Ich habe die Mitte nicht!« donnerte er.
»Irgend etwas muß zwischen ihnen passieren, Inge und wie heißt er noch«, fuhr sie fort. »Sonst gibt es keine Geschichte.« Er sah sie an und dachte: Sie ist immer noch nuttig, selbst in ihrem Hausfrauenkostüm. Immerhin, das Kind war ein Schatz und von Kindern des Erfolgs nicht zu unterscheiden.

Barb begann dann eine Geschichte zu erzählen, die, ganz bestimmt, einer ihrer Freundinnen passiert war. Das Mädchen hatte ein Verhältnis mit einem Mann gehabt und war schwanger geworden. Der Mann war weggefahren nach Sevilla, nachsehen, ob die Hölle eine Stadt war wie Sevilla, und sie hatte in Chicago eine Fehlgeburt gehabt. Dann war sie hinübergeflogen, um zu verhandeln, und sie waren durch die Straßen gegangen und hatten ältliche Kirchen besucht und dergleichen. Und die erste Kirche, in die sie hineingegangen waren, da stand dieser winzigkleine weiße Sarg mitten im Allerheiligsten.

»Banal«, entschied Edgar.

Sie versuchte, sich eine andere Anekdote für ihn einfallen zu lassen.

»Ich muß dieses Diplom unbedingt haben!« rief er plötzlich verzweifelt aus. »Ich glaube nicht, daß du mit dem, was du auf dem Papier hast, die Nationale Schriftstellerprüfung schaffen kannst«, sagte Barb dann mit großem Bedauern, denn obwohl er ihr Mann war, wollte sie ihn doch nicht unnötig verletzen. Aber sie mußte die Wahrheit sagen. »Ohne eine Mitte.«

»Ich wäre doch nie groß herausgekommen, nicht einmal mit dem Diplom«, sagte er.

»Deine Ansichten wären bekanntgeworden. Du wärest etwas gewesen.«

In diesem Augenblick betrat der ungeratene Sohn das Zimmer. Der ungeratene Sohn war acht Fuß hoch und hatte einen Poncho um, gewoben aus zweihundert Transistorradios, die alle an- und auf verschiedene Stationen eingestellt waren. Man brauchte ihn bloß anzusehen und konnte Portland und Nogales, Mexiko hören.

»Kein Hasch im Hause?«

Barbara brachte das Hasch, das in einer jener kleinen gelb und roten Metallbüchsen aufbewahrt wurde, in denen man Filme an Eastman Kodak zurückschickt.

Edgar überlegte sich, wie er diesen ungeheuren Sohn fertigmachen könnte, der über ihm lehnte wie ein großes plärrendes Gebäude. Aber es fiel ihm nichts ein. Sich etwas einfallen zu lassen überstieg seine Kräfte. Ich kann's ihm nachfühlen. Ich selbst habe diese Probleme. Schlüsse sind trügerisch, Mitten sind nirgends zu finden, aber das Bitterste von allem ist Anfangen, Anfangen, Anfangen.

Satz

Oder ein langer Satz, der sich in einem gewissen Tempo die Seite herunterbewegt, dem Ende der Seite zustrebt – wenn nicht dem Ende dieser Seite dann dem irgendeiner anderen Seite – wo er ruhen oder für einen Moment innehalten kann, um über die Fragen nachzudenken, die aufgeworfen wurden durch seine eigene (vorübergehende) Existenz, mit der es aus ist, wenn man die Seite umblättert oder wenn der Satz dem Bewußtsein entfällt, das es (vorübergehend) in irgendeiner Art Umarmung hielt, nicht unbedingt einer heftigen, sondern eher vielleicht der Art von Umarmung, die eine Frau gern hat (oder duldet), eine Frau, die gerade aufgewacht ist und am Morgen auf dem Weg zum Bad ist, um sich die Haare zu waschen und da von ihrem Mann angestoßen wird, der sich zeitunglesend am Frühstückstisch rekelt und sie nicht aus dem Schlafzimmer kommen sieht, aber als er sie anstößt oder von ihr angestoßen wird, die Hände hebt, um sie leicht zu umarmen, flüchtig, weil er weiß, daß sie, wenn er sie so früh am Morgen umarmt, bevor sie die Träume richtig aus dem Kopf geschüttelt hat und in ihren Jeans steckt, nicht reagieren wird oder sogar leicht ärgerlich werden und etwas Verletzendes sagen kann, und deshalb legt der Mann in diese Umarmung nicht so viel physischen oder emotionalen Druck, wie er möchte, weil er nichts verspielen will – mit dieser Art von Gefühl, also zieht der Satz, mehr oder weniger, durchs Bewußtsein, und man kann die Situation auch anders beschreiben, indem man etwa sagt, daß der Satz durch das Bewußtsein kriecht wie etwas, das jemand zu dir sagt, während du sehr angespannt UKW hörst, irgendeine Rockband mit ihrem irren Sound und nun, da deine Aufmerksamkeit oder wenigstens deren größerer Teil vergeben ist, bleibt nicht mehr viel Wahrnehmungsraum, den du dieser Bemerkung schenken kannst, besonders wenn man bedenkt, daß du vermutlich gerade mit demjenigen, der die Bemerkung gemacht hat, darüber gestritten hast, daß das Radio zu laut sei oder dergleichen, und deine Meinung zu der Bemerkung ist, du hättest sie lieber nicht gehört, aber wenn du sie schon hören mußt, dann wenigstens die kleinstmögliche Zeitspanne, und zwar während der Reklame, weil sie direkt nach der Reklame einen neuen Rocksong deiner Lieblingsband spielen, einen Mitschnitt, der noch nie gesendet wurde, und du möchtest den hören und darauf frisch reagieren, im Einklang mit dem, was du gerade empfindest oder empfinden könntest, falls die Bedrohlichkeit neuer Erfahrung (vorübergehend) von der Aussicht auf möglichen positiven Gewinn oder was das Bewußtsein dafür hält, umgekippt werden kann, eingedenk der Tatsache, daß es oft in Wirklichkeit verkappte Niederlagen sind (nicht daß Niederlagen, gelegentlich, deinem Charakter gut täten, indem sie dir zeigen, daß man nicht durch Erfolg allein Leben bewältigt, sondern Rückschläge, auch sie, zur Aufrauhung des Charakters beitragen, der, da du um ein profiliertes Äußeres besorgt bist, um es dem des Lebens entgegenzuhalten, dich befähigt, leichte Spuren oder Flecken im Antlitz der menschlichen Geschichte zu hinterlassen – dein eigenes Zeichen), und daß auf Gewinn aus sein immer etwas vom Geruch nackter Eitelkeit an sich hat, als ob du dir die Stirn selbst mit Lorbeer kränzen wolltest oder deine Orden zu einem Gartenfest trägst, während nichts davon auf der Einladung gestanden hatte, und obgleich das Ich immer begierig ist (so heißt es), sollte man nicht vergessen, daß anhaltender Erfolg nahezu ebenso belanglos ist wie anhaltende Erfolglosigkeit, die dich krank machen kann, und daß es gut ist, ein paar Krümel für deine Mitbrüder auf dem Tisch zu lassen und nicht alles in die kleine Perlenbörse deiner Seele zu fegen, sondern auch die andern an der Genugtuung teilhaben zu lassen, und wenn du so teilst, wirst du die Wolken lachen sehen, und der Postbote hat Post für dich, und wenn du ein Fahrrad mieten willst, sind die Fahrräder zu haben, und noch viele andere Zeichen, wenngleich auch überwacht und begrenzt, Zeichen der (vorübergehenden) Anerkennung durch die Allgemeinheit, oder wenigstens ihrer Bereitschaft, dich (vorübergehend) glauben zu lassen, sie fände, daß es dir nicht so sehr an löblichen Eigenschaften fehle, wie sie dich früher denken ließ aus Mißachtung deiner Vorzüge, wenn man's so nennen will, oder jedenfalls ihre konsequente Weigerung, deine Grundmenschlichkeit anzuerkennen und ihr geheimes Veto gegen dein Vorhaben, am Leben zu bleiben, abgegeben auf der Geheimsitzung der herrschenden

Gremien, die, wie jedermann weiß, unter dem Siegel der Verschwiegenheit, versteckte Belohnungs- und Strafaktionen durchführen, wobei sie nur eine schwache Änderung des Status quo an verschiedenen Punkten der Peripherie des Gemeinschaftslebens erreichen, hinterrücks, verbunden mit anderen im Ton nicht sehr verschiedenen Unternehmungen, zum Beispiel der Produktion von Filmen mit besonderen Qualitäten oder Eigenheiten, sagen wir einem Film, dessen zweiter Teil ein geheiligtes Mysterium ist, und Mädchen und Frauen dürfen das nicht sehen, oder wenn bei einem Roman das letzte Kapitel ein mit Wasser gefüllter Plastikbeutel ist, den man anfassen, aber aus dem man nicht trinken darf; auf diese Art oder Weise wird das unterschwellige Geistesleben der Gemeinschaft verpfuscht oder verleugnet, oder in etwas verkehrt, was von den Herren des Planungsstabs nie vorgesehen war, die, zurückkommend von ihrem letzten Seminar über Krisensteuerung, befragt, was sie gelernt hätten, sagen, sie hätten gelernt, wie man die Hände über dem Kopf zusammenschlägt; der Satz hat inzwischen, obgleich diesen Erwägungen gegenüber nicht unempfindlich, sein eigenes schwärendes Gewissen, das ihn dazu bringt, seinem Stern zu vertrauen und sich in ganz bedächtigem Tempo von einer Stelle zur anderen zu bewegen, ohne irgendeinen der ›Passagiere‹ zu verlieren, die er mitgenommen haben mag, weil er gerade auf der Seite war, und er windet sich da hin und dort hin, um nachzuschauen, was denn da drüben unter dem eigenartig geformten Baum ist oder da drüben, reflektiert in der Regentonne der Imagination, obzwar es ja so ist, daß man uns im frühen Mannesalter beibrachte, kurze schlagkräftige Sätze seien am besten (aber was meinte er damit? heißt schlagkräftig nicht soviel wie schlagartig, soviel wie, mich trifft der Schlag? Ich denke, er wollte vermutlich sagen ›kurze *schlagende* Sätze‹, und meinte Sätze, die wild auf dich einhauen, dein Hirn blutig schlagen, womöglich, und indem ich das Wort nachschlage, stoße ich nicht weit davon auf ›Schlagschatten‹ – das ist's, was ich für meinen Satz brauche, um ihn kühl zu halten), wir sind jetzt reif genug, um die schockierende Einsicht auszuhalten, daß viel von dem, was man uns in unserer Jugend beigebracht hat, falsch war oder halb verstanden von denen, die es uns beigebracht haben, oder vielleicht ein bißchen gefärbt, die Art

Einfärbung, die aus den privaten Bedürfnissen der Lehrer entsprang, die als menschliche Wesen dazu neigten, etwas von ihrem Herzblut in ihre Arbeit einfließen zu lassen, und manchmal wird das nicht aus bester Quelle gewesen sein, dieses Herzblut, und selbst wenn sie meinten, sie würden Wissen auffahren, wie es das Kultusministerium verordnet hatte, so hätten sie bemerken können, daß ihre Sätze nicht die niederschmetternde Kraft der neuen Waffen haben, deren Kugeln kopfüber vorwärtskollern (aber es stimmt natürlich, damals gab's diese Waffen noch nicht), und sie hätten auch die fundamentale Fragwürdigkeit ihres Vorhabens bedenken können (nur sind alle klug konzipierten Vorhaben – wie der Mond und die Sterne – schon konsumiert), so bleibt uns in unseren Sonntagskleidern nichts anderes übrig, als heftige Zermürbungskriege gegen unsere Frauen zu führen, die jetzt gründlich aufgewacht und in ihre gestreiften Twisthosen geschlüpft sind, Pullover über ihre Brustkästen gezogen haben und sich hartnäckig weigerten, BHs unter den Pullovern zu tragen, wobei sie jedem, der es hören oder hinsehen will, fein säuberlich die politische Bedeutung ihrer Weigerung erklären, aber bitte nicht anrühren, denn damit hat das ganz und gar nichts zu tun, sagen sie; und so bleibt uns wie zuvor nichts anderes übrig, als Kleenexschiffchen durchs Zimmer zu schießen und auszuprobieren, wieviele wir davon gleichzeitig in der Luft halten können, was uns wenigstens das Gefühl innerer Beteiligung gibt, als wären wir der Buddha, der auf dein mysteriöses Lächeln, das es noch zu erforschen gilt, herniedersieht, und ich glaube, wir fangen gleich mal an, solange wir noch genug Licht haben, und würden Sie bitte dort einmal Platz nehmen, auf dem besten Stuhl, Ihre Kleider ablegen und die Füße in den elektrischen Fußboy stecken (Vorbeugung gegen Lungenentzündung) und in dieses bügelfreie, weiße Operationshemd schlüpfen, um Ihre Blöße zu bedecken – nun, wenn Sie das gemacht haben, können wir ja beginnen: nachdem ich meine Hände gewaschen habe, denn in dieser Stadt zieht man eine erstaunliche Menge fossile Überreste an, vom bloßen Herumspazieren an der frischen Luft und vom Hinübernicken zu Bekannten und vom Sprechen mit Freunden und vom Kopulieren mit Geliebten, das ist das Übliche, (und nieder mit unseren Feinden! das nur nebenbei) – aber schon beim Händewaschen werd ich ziemlich ungehalten, denn ich kann die Seife nicht finden, die irgend jemand gebraucht und nicht in die Seifenschale zurückgelegt hat, was alles höchst irritierend ist, wenn man eine schöne Patientin im Untersuchungszimmer sitzen hat, nackt unter dem Hemd, und sie beguckt sich ihre Leberflecken im Spiegel, mit ihren ungeheuren braunen Augen folgt sie all deinen Bewegungen (wenn sie nicht die Leberflecken betrachten, von denen sie erwarten, daß sie wie in einem Walt-Disney-Naturfilm abblättern), und ihr ungeheurer brauner Kopf fragt sich, was du wohl mit ihr anstellen wirst, die Frage sickert aus den perforierten Stellen ihres Kopfes, während der Therapeut sich entschließt, seine Hände einfach mit Wasser zu waschen, zum Kuckuck mit der Seife, und er tut's, schaut sich dann nach einem Handtuch um, aber alle Handtücher sind vom Handtuchdienst abgeholt worden, sind nicht da, also wischt er die Hände an der Hose ab, hinten, (um vorn verdächtige Flecken zu vermeiden) und denkt: was muß sie wohl von mir denken? und, alles sieht so dilettantisch und nach Ochs am Berg aus, versuchend, sich die Misere aus ihrem Blickwinkel vorzustellen, falls sie einen hat (wieso kann sie? sie ist ja nicht im Waschraum), aber jetzt Schluß damit, denn schließlich geht ihn nur sein eigener Blickwinkel etwas an, nicht der ihre, dies eisern im Sinn und mit einem leichten, selbstsicheren Schritt, wie sie in Bulwer-Lytton-Romanen vorkommen, betritt er den Raum, den sie reizvoll belagert, und indem er sie bei der Hand faßt, geht er dazu über, ihr steifes, weißes Operationshemd abzuziehen (aber nein, wir können in diesem erhabenen, hochherzigen Satz, der vermutlich in der Kongreßbibliothek landen wird, diese *pornographische merde* nicht brauchen) (das war's, was sich im Innern seines Bewußtseins abspielte, während er sie anschaute, und wie wir ja wissen, ist Bewußtsein immer Bewußtsein *von* etwas, und so ist sie nicht ganz unschuldig daran) und also, dann, indem er sie bei der Hand faßt, sinkt er in den gewaltigen weißen Purée ihres Schlunds, nein, ich meine vielmehr, er fragt sie, wann sie zum letzten Mal bei ihm war, und sie sagt, vor vierzehn Tagen, ihn schaudert, und er sagt ihr, daß bei einer Konstitution wie der ihrigen (sie ist ein ungeheuer beliebter Soldat, und ihre Truppen schlagen alle Schlachten dadurch, daß sie so tun, als ob sie Wälder wären, und der Feind entdeckt erst im letzten Augenblick, daß die Bäume, unter denen er Mittagsrast hielt, Augen und Schwerter haben) (was mich an die Aufführung von Robert Houdins ›Der phantastische Orangenbaum‹ im Jahre 1845 erinnert, in der Robert Houdin sich einer Dame Taschentuch borgte, es zwischen den Händen rieb und es dann in die Mitte eines Eis stopfte, worauf er das Ei in die Mitte einer Zitrone stopfte, worauf er die Zitrone in die Mitte einer Orange stopfte, dann die Orange zwischen seinen Händen zerdrückte, um sie immer kleiner zu machen, bis sie zu Staub wurde, wonach er einen kleinen Orangenbaum im Topf hereinbringen ließ und den Staub darüberstreute, worauf am Baum die Knospen aufplatzten, die Blüten zu Orangen wurden, die Orangen zu Schmetterlingen, die Schmetterlinge zu wunderschönen jungen Damen, die dann Leute aus dem Publikum heirateten), einer Konstitution, die für jede Art von realzeitlichem, gesellschaftlichem Umgang schädlich ist, so daß das beste für sie wäre, aufzugeben und die Waffen zu strecken, und er würde dann in ihr liegen, und sie würden sich zusammen ein bißchen gutes altes Gehätschel und Getätschel gönnen, wobei sie nur ihren Herr-Christophorus-Anhänger an der Silberkette umhat und er (denn das sind die Freiheiten, die man den höheren Berufsständen zubilligt) anfängt, sich über den Satz Sorgen zu machen, über die dünnen Fädchen dramatischer Spannung, die außer acht gelassen wurden, und ob man ein paar Naturereignisse, die sich am Himmel abspielen, einbauen sollte (Vögel, Blitzstrahlen) und einen möglichen Coup d'état im Satz, wobei das Hauptverb – aber in diesem Augenblick rast ein Bote in den Satz, er blutet vom Dornenhut, den er aufhat, und er schreit: »Weißt du denn eigentlich, was du da machst? Hör auf mit dem Satz und mach lieber Moholy-Nagy-Cocktails, die wir hier wirklich brauchen, an der Front schlechten Benehmens!« und danach stürzt er zu Boden, und unter ihm öffnet sich eine Falltür, und er fällt da hindurch, in eine klamme Grube, wo ihn ein blauer Narwal erwartet, sein Horn in der Luft (aber vielleicht wird das Gewicht des Boten, der aus so großer Höhe fällt, das Horn abbrechen) – also, indem man alles genau bedenkt, im lieblichen Licht gekreuzter Zeremonienäxte, im Amoklauf und Kuddelmuddel der Informationssucht, müssen wir entscheiden, ob wir weitermachen sollen oder umkehren, im letzteren Fall könnten wir das Ergreifende an der Ausrottung genießen, im ersteren lesen wir eine erotische Reklame, die anfängt *Mach deinen Mund zur Lötlampe der Lust* (aber würd das unsere Mundwasser nicht überfordern?) und versuchen in der Pause, wenn unsere verbrannten Münder mit Fett geschmiert werden, uns einen besseren Satz einfallen zu lassen, einen würdevolleren, bedeutungsträchtigeren, wie die Sätze in der Unabhängigkeitserklärung oder in einer Bankmitteilung, die dich aufmerksam macht, daß du siebentausend Kronen mehr drauf hast, als du dachtest, eine Mitteilung, die all die unvernünftigen Ansprüche, die du ans Leben stellst, aufzählt und dabei auch die Frage stellt, ob du dir vorstellen kannst, diese Ansprüche, warum die nicht routinemäßig gedeckt werden, dummer Narr, aber selbstverständlich ist es nicht diese Frage, die dieser infizierte Satz sich anheischig macht zu beantworten (übrigens Hallo unserer Freundin Rosetta Stein, die durch dünn und dünn zu uns gehalten hat), aber ein paar andere Fragen, deren wahrer Natur wir noch auf die Spur kommen werden, eines Tages, und da ist ja auch schon Ludwig, unser Experte in Satzbau, den wir beim Bauhaus geborgt haben, er wird – »Guten Tag, Ludwig!« – vermutlich einen Weg finden, die Ausschweifungen unseres Satzes zu kurieren, indem er sich der verfeinerten, in Weimar entwickelten Denkweisen bedient – »es tut mir leid, Ihnen mitteilen zu müssen, daß das Bauhaus nicht mehr existiert, daß alle großen Meister, die früher da gedacht haben, tot oder im Ruhestand sind, und daß ich selbst mich darauf beschränken muß, Bücher zu bauen, und zwar Bücher für die Wachtmeisterprüfung«, und Ludwig fällt durch das Tugendhathaus in die Geschichte der vom Menschen gemachten Dinge, eine Enttäuschung, ganz klar, aber zugleich erinnert uns das, daß der Satz selbst ein vom Menschen gemachtes Ding ist, nicht wie wir es haben wollten, aber immerhin doch ein menschliches Gebilde, ein Gefüge, das wir achten seiner Schwäche wegen im Gegensatz zur Stärke von Steinen.

Der Glasberg

1. Ich versuchte, den Glasberg zu besteigen.
2. Der Glasberg steht Ecke Dreizehnte Straße und Achte Avenue.
3. Schon hatte ich den unteren Hang erreicht.
4. Man schaute mir nach.
5. Ich war neu in der Gegend.
6. Trotzdem hatte ich Bekannte.
7. Ich hatte mir Klettereisen an die Füße geschnallt, und in jeder Hand hielt ich einen kräftigen Gummistampfer.
8. Ich war 200 Fuß hoch.
9. Der Wind war schneidend.
10. Am Fuß des Berges waren meine Bekannten zusammengekommen, um mir Mut zu machen.
11. »Scheißkerl«
12. »Arschloch«
13. Der Glasberg ist stadtbekannt.
14. Die Leute, die hier wohnen, erzählen über ihn Geschichten.
15. Besucher macht man auf ihn aufmerksam.
16. Berührt man die Wand des Berges, verspürt man Kühle.
17. Späht man in den Berg hinein, sieht man glitzernde blauweiße Tiefen.
18. Über der Achten Avenue erhebt sich der Berg wie ein phantastisches ungeheuerliches Bürogebäude.
19. Die Spitze des Berges verschwindet in den Wolken oder an wolkenlosen Tagen in der Sonne.
20. Ich löste den rechten Gummistampfer und ließ den linken an seinem Platz.
21. Dann streckte ich mich nach vorn und machte den rechten wieder ein bißchen höher oben fest. Wonach ich die Beine vorsichtig in eine neue Stellung schob.
22. Der Gewinn war minimal, nicht mal Armeslänge.
23. Meine Bekannten machten weiter Bemerkungen.
24. »Blöder Arschkriecher«
25. Ich war neu in der Gegend.

26. Auf den Straßen waren viele Leute ganz verstört.
27. Sieh's dir selbst an.
28. Auf den Straßen waren Hunderte von jungen Leuten, die in Hauseingängen fixten, hinter geparkten Wagen.
29. Ältere Leute führten Hunde aus.
30. Die Bürgersteige waren voller Hundescheiße in den leuchtendsten Farben: ocker, umbra, marsgelb, siena, viridian, elfenbeinschwarz, krapprosa.
31. Und einen hatten sie beim Bäumefällen verhaftet. Eine Reihe Ulmen lag mit geknicktem Rückgrat zwischen den VWs und Valiants.
32. Mußte eine elektrische Säge gehabt haben, gar keine Frage.
33. Ich war neu in der Gegend, doch hatte ich mir Bekannte zugelegt.
34. Meine Bekannten ließen eine braune Flasche kreisen.
35. »Besser als ein Tritt in die Eier.«
36. »Besser als ein Stoß ins Auge mit einem spitzen Stock.«
37. »Besser als ein Klatsch auf den Wanst mit einem nassen Fisch.«
38. »Besser als ein Schlag auf den Rücken mit einem Stein.«
39. »Ein schöner Kladderadatsch, wenn er fällt.«
40. »Hoffentlich krieg ich's noch mit. Ich tauch mein Taschentuch ins Blut.«
41. »Schleimscheißer«
42. Ich löste den linken Gummistampfer und ließ den rechten an seinem Platz.
43. Und streckte die Linke aus.
44. Um den Glasberg zu besteigen, braucht man zunächst einen guten Grund.
45. Niemand hat bisher den Glasberg bestiegen im Interesse der Wissenschaft oder aus Ruhmsucht, oder weil der Berg eine Herausforderung war.
46. Alles keine guten Gründe.
47. Aber gute Gründe gibt es.
48. Am Gipfel des Berges steht ein Schloß aus reinem Gold, und in einem Zimmer des Schloßturms sitzt …

49. Meine Bekannten schrien zu mir rauf.
50. »Ich wette zehn Piepen, spätestens in vier Minuten knallst du auf den Arsch.«
51. ... ein schönes verzaubertes Symbol.
52. Ich löste den rechten Gummistampfer und ließ den linken an seinem Platz.
53. Und streckte die Rechte aus.
54. Es war kalt hier auf 206 Fuß Höhe, und wenn ich runterschaute, war ich nicht gerade ermutigt.
55. Ein Haufen Leichen, Pferde wie Reiter, zog sich um den Fuß des Berges, viele sterbende Männer stöhnten da.
56. ›Die Schwächung des libidinösen Interesses an der Wirklichkeit ist in letzter Zeit zu einem Ende gekommen.‹ (Anton Ehrenzweig)
57. Ein paar Fragen drängten sich mir auf.
58. Besteigt man einen Glasberg unter beträchtlichen persönlichen Entbehrungen, einzig um ein Symbol zu entzaubern?
59. *Brauchen* die heutzutage stärkeren Egos noch Symbole?
60. Ich beschloß, die Antwort auf diese Frage lautete ›ja‹.
61. Was tat ich sonst hier, 206 Fuß über den elektrisch umgesägten Ulmen, deren weißes Fleisch ich von hier oben sehen konnte?
62. Am besten scheitert man bei der Besteigung des Berges als Ritter in voller Rüstung, als einer, dessen Pferd mit seinen Hufen sprühende Funken aus der Bergwand schlägt.
63. Die im folgenden aufgeführten Ritter sind bei der Besteigung des Berges gescheitert und stöhnten im Haufen: Sir Giles Guilford, Sir Henry Lovell, Sir Albert Denny, Sir Nicholas Vaux, Sir Patrick Grifford, Sir Gisbourne Gower, Sir Thomas Grey, Sir Peter Coleville, Sir John Blunt, Sir Richard Vernon, Sir Walter Willoughby, Sir Stephen Spear, Sir Roger Faulconbridge, Sir Clarence Vaughan, Sir Hubert Ratclife, Sir James Tyrrel, Sir Walter Herbert, Sir Robert Brakenbury, Sir Lionel Beaufort und viele andere.
64. Meine Bekannten mischten sich unter die gefallenen Ritter.
65. Meine Bekannten mischten sich unter die gefallenen Ritter, sammelten Ringe, Brieftaschen, Taschenuhren, Liebespfänder.
66. ›Es herrscht Ruhe im Land dank unser aller zuversichtlicher Weisheit.‹ (M. Pompidou)

67. Ein schmalköpfiger Adler mit flammenden Rubinen als Augen bewacht das goldene Schloß.
68. Ich löste den linken Gummistampfer, fragte mich, ob …
69. Meine Bekannten zogen den noch-nicht-ganz-toten Rittern die Goldzähne.
70. Auf den Straßen waren Leute, die ihre Ruhe hinter der Maske vager Angst verbargen.
71. ›Das herkömmliche Symbol (wie etwa die Nachtigall häufig assoziiert mit Melancholie) ist, obgleich auch nur durch Übereinkunft als solches erkennbar, kein Zeichen (wie die Verkehrsampel), weil es wiederum mit der größten Wahrscheinlichkeit tiefe Empfindungen weckt, und es hat, so nimmt man an, Eigenschaften, die über das hinausgehen, was das nackte Auge sieht.‹ (Handbuch literarwissenschaftlicher Begriffe)
72. Eine Menge Nachtigallen, Verkehrsampeln an den Beinen, flog an mir vorüber.
73. Ein Ritter in blaßrosa Rüstung tauchte über mir auf.
74. Er rutschte, seine Rüstung knirschte ganz leise am Glas.
75. Er blickte mich schräg von der Seite an, als er an mir vorbeikam.
76. Er stieß das Wort »Muerte« aus, als er an mir vorbeikam.
77. Ich löste den rechten Gummistampfer.
78. Meine Bekannten disputierten, wer von ihnen meine Wohnung bekäme.
79. Ich ging die herkömmlichen Methoden durch, das Schloß zu erreichen.
80. Die herkömmlichen Methoden, das Schloß zu erreichen, sind wie folgt: ›Der Adler grub seine scharfen Krallen in das zarte Fleisch des Jünglings, jedoch er ertrug den Schmerz ohne einen Laut und packte mit beiden Händen des Vogels Füße. In seinem Schrecken riß das Tier ihn hoch in die Luft und begann das Schloß zu umkreisen. Der Jüngling hielt sich tapfer fest. Er erblickte den glitzernden Palast, der in dem blassen Mondlicht wie eine trübe Lampe aussah, und er erblickte die Fenster und Balkone des Schloßturms. Er zog ein kleines Messer aus dem Gürtel und schnitt des Adlers Füße beide ab. Mit einem Schrei erhob sich der Vogel hoch in die Luft, und ganz

sachte fiel der Jüngling auf einen breiten Balkon. Im gleichen Augenblick tat sich eine Tür auf, und er sah einen Hof voller Blumen und Bäume und darin die schöne verzauberte Prinzessin.‹ (›Das gelbe Märchenbuch‹)

81. Ich hatte Angst.

82. Ich hatte das Heftpflaster vergessen.

83. Wenn der Adler seine scharfen Krallen in mein zartes Fleisch ...

84. Sollte ich das Heftpflaster holen gehen?

85. Nur, wenn ich wegen des Heftpflasters umkehrte, mußte ich den Spott meiner Bekannten ertragen.

86. Ich beschloß, ohne Heftpflaster weiterzumachen.

87. ›In gewissen Jahrhunderten hat seine (des Menschen) Erfindungskraft sich die wunderbarsten Kräfte des Lebens zu eigen gemacht.‹ (John Masefield)

88. Der Adler grub seine scharfen Krallen in mein zartes Fleisch.

89. Doch ich ertrug den Schmerz ohne einen Laut und packte mit beiden Händen des Vogels Füße.

90. Die Gummistampfer blieben an ihrem Platz, im rechten Winkel zur Wand des Berges.

91. In seinem Schrecken riß das Tier mich hoch in die Luft und begann, das Schloß zu umkreisen.

92. Ich hielt mich tapfer fest.

93. Ich erblickte den glitzernden Palast, der im blassen Mondlicht wie eine trübe Lampe aussah; und ich erblickte die Fenster und Balkone des Schloßturms.

94. Ich zog ein kleines Messer aus dem Gürtel und schnitt des Adlers Füße beide ab.

95. Mit einem Schrei erhob sich der Vogel hoch in die Luft, und ganz sachte fiel ich auf einen breiten Balkon.

96. Im gleichen Augenblick tat sich eine Tür auf, und ich sah einen Hof voller Blumen und Bäume und darin das schöne verzauberte Symbol.

97. Ich näherte mich dem Symbol mit all seinen Bedeutungsschichten, aber als ich es berührte, verwandelte es sich bloß in eine schöne Prinzessin.

98. Ich schleuderte die schöne Prinzessin kopfüber zu meinen Bekannten hinunter.
99. Die sollten sehen, wie sie mit ihr fertig würden.
100. Auch sind Adler nicht einleuchtend, ganz und gar nicht, nicht für einen Augenblick.

City Life

Elsa und Ramona betraten die schwierige Stadt. Sie fanden ohne große Mühe eine Wohnung, mehrere Zimmer in der Porter Street. Vorhänge wurden gehängt. Leuchtende Papierdinge aus einem Japanladen da und dort aufgemacht.

– Du solltest Charles sagen, daß er uns nicht besuchen kann, bevor alles fertig ist.

Ramona dachte: Ich will überhaupt nicht, daß er kommt. Er wird mit Elsa in ein Zimmer gehen und die Tür zumachen. Ich hocke draußen und lese den Wirtschaftsteil. England erwägt wirtschaftliche Sparmaßnahmen. Obligationenkurswelle zeichnet sich ab. So vergeht Zeit. Dann kommen sie raus. Tun, als ob nichts wäre. Elsa wird Kaffee machen, Charles wird aus seinem flachen Silberflacon Cognac in den Kaffee tun. Wir alle werden den Kaffee mit dem Cognac drin trinken. Igitt!

– Wo soll ich die Telefonbücher hintun?

– Leg sie da drüben hin, zum Telefon.

Elsa und Ramona gingen zum Zwei-Dollar-Pflanzenladen. Draußen stand ein Mann, der einzelne Straußenfedern verkaufte. Elsa und Ramona kauften verschiedene Hängepflanzen in weißen Plastiktöpfen. Der Ladeninhaber steckte die Pflanzen in braune Tüten.

– Gießt sie täglich, meine Damen. Haltet sie feucht.

– Machen wir.

Elsa stieß eine melancholische Lebensbetrachtung aus: Es vergeht immer schneller! Ramona sagte: Es ist so schwierig.

Charles nahm eine Stelle mit größerem Aufgabenbereich in einer anderen Stadt an.

– Ich werd übers Wochenende reinkommen können, manchmal.

– Ist es ein richtiger Job?

– Klar, Elsa, denkst Du, ich schmier Dich an?

Mit einem äußerst dunkelgrauen, wenn nicht gar vollkommen schwarzen Anzug angetan, rasierte er sich seinen Schnurrbart ab.

– Die haben was gegen Schnurrbärte in meiner neuen Klitsche.

Ramona hörte Elsa im hinteren Schlafzimmer schluchzen. Eigentlich sollte ich Mitleid mit ihr haben. Aber ich hab keins.

2.

Ramona bekam von Charles folgenden Brief:

Liebe Ramona,
vielen Dank, Ramona, für Deinen interessanten und eigenartigen Brief. Es stimmt, ich habe bemerkt, wie Du da sitzt, im Wohnzimmer, wenn ich Elsa besuche. Ich habe viele Male im Geiste Dein Äußeres registriert, das ich, wenn ich so sagen darf, selbst dem von Elsa als keineswegs unterlegen erachte. Außerdem reagiere ich ganz schön elektrisch auf Deinen Geschmack in Sachen Kleidung. Gerade die oberen Beine sind mir nicht entgangen. Das Dumme ist nur, wenn zwei Mädchen zusammen wohnen, muß man seine Wahl treffen. Man kann nicht beide haben, in unserer Gesellschaft. Dieses Verbot wird hauptsächlich von euch Mädchen selbst bekräftigt, im Verein mit den älteren Damen, denen es, wenn sie ehrlich wären, vermutlich egal wäre, aber die trotzdem meinen, Ordnung muß sein, irgendwo. Ich habe Elsa, darum kann ich Dich nicht haben (ich weiß, es gibt so ein philosophisches Problem von ›Sein‹ und ›Haben‹, aber ich kann das jetzt nicht erörtern, weil ich unter dem Druck der Vordringlichkeiten meiner neuen Anstellung ein bißchen gehetzt bin). Das ist der augenblickliche Tatbestand, trefflichste Ramona. So liegen die Dinge.

Natürlich kann die Zukunft anders sein. Nicht selten ist sie's.

In Eile!
Charles

– Was liest Du?
– Ach, bloß einen Brief.
– Von wem ist er?
– Ach von einem, den ich kenne.
– Wer?
– Ach niemand.

– Ach.

Ramonas Mutter und Vater kamen aus Montana in die Stadt. Ramonas dünner Vater stand auf dem Porter-Street-Bürgersteig, er trug einen Geschäftsanzug und einen weißen Cowboyhut. Er beobachtete seinen Wagen. Eine Weile lang beobachtete er seinen Wagen von den Stufen des Hauses aus, dann beobachtete er ihn ein bißchen vom Bürgersteig aus, und dann beobachtete er ihn wieder von den Stufen aus. Ramonas Mutter guckte in den Koffern nach dem Geschenk, das sie mitgebracht hatte.

– Mutter, Du sollst doch nicht so teure Geschenke bringen.

– Oh, es war gar nicht mal so teuer. Du sollst doch was für die neue Wohnung haben.

– Eine Originalgravüre von René Magritte!

– Nun, sie ist ja nicht sehr groß. Ist bloß 'ne kleine.

Immer wenn Ramona einen Brief von zu Hause aus Montana nachgeschickt bekam, war der Brief geöffnet und die Worte ›Hups, aus Versehen aufgemacht‹ standen auf dem Umschlag. Aber sie vergaß das, als sie auf den schönen neuen Magritte starrte, ein Bild von einem Baum, in dem ein sichelförmiger Mond ausgespart war.

– Er ist wahnsinnig schön. Wo sollen wir ihn hinhängen?

– Wie wär's mit der Wand?

3.

An der Universität belegten die beiden Mädchen Jura.

– Wie ich höre, soll das Jurastudium hart sein, äußerte Elsa, aber das ist's ja, was wir wollen, eine harte Herausforderung.

– Ihr zwei seid die einzigen Mädchen, die bisher an unserer Fakultät zugelassen wurden, betonte der Dekan. Meistens haben wir Männer. Ein paar Ausländer. Drei Dinge will ich Euch jetzt noch sagen, die Ihr im Auge behalten sollt: 1. Versucht nicht, zu schnell, zu weit zu kommen. 2. Kleidet Euch einfach. Und 3. Haltet Eure Notizen sauber. Und sollte ich die Worte ›Juhu‹ im Hof widerhallen hören, so werdet Ihr augenblicklich von der Universität verwiesen. Wir gebrauchen solche Worte nicht an diesem Institut.

– Ich halt's mit dem, was ich schon weiß, sagte Ramona mit unterdrückter Stimme.

Im Hochgefühl ihrer Immatrikulation zogen die beiden Mädchen los, die Wonnen der Pascin Street zu kosten. Sie kamen sich in dieser Zeit näher als je. Freilich wollten sie sich nicht zu nahe kommen. Sie hatten Angst, sich zu nahe zu kommen.

Elsa lernte Jacques kennen. Er steckte tief in der Aktion.

– Um was geht's bei der Aktion genau, Jacques?

– Mein Gott, Elsa, deine Augen. Nie zuvor habe ich in jemandes Augen diesen Umbra-Ton gesehen. Nie.

Jacques führte Elsa in ein mexikanisches Restaurant. Elsa schnitt in ihr *Cabrito con queso*.

– Wenn man denkt, daß das, was wir da essen, mal ein Ziegenbaby war!

Elsa, Ramona und Jacques schauten die Morgendämmerung an, die über den Hängepflanzen anbrach. Muster aus silbrigem Licht und so weiter.

– Hast Du keine Angst, daß Charles hier unerwartet hereinplatzt und uns findet?

– Charles ist doch in Cleveland. Außerdem würd ich einfach sagen, Du wärst mit Ramona. Elsa kicherte.

Ramona brach in Tränen aus.

Elsa und Jacques versuchten Ramona zu trösten.

– Warum machst Du nicht eine 21-Tage-Gesellschaftsreise in die Naturschutzgebiete?

– Wenn ich in die Naturschutzgebiete fahre, stellt sich alles doch bloß als ein schreckliches Sumpfgebiet heraus.

Ramona dachte: Er wird mit Elsa in ein Zimmer gehen und die Tür zumachen. Zeit vergeht. Dann werden sie herauskommen, tun, als ob nichts wäre! Dann der Kaffee. Igitt!

4.

Charles in Cleveland.

›Weiße‹

›Vitaler Skeptizismus‹

Charles stieg sehr rasch in der dortigen Hierarchie auf. Die Art von Situation, die manchmal eintritt, wenn sich die Manager von begabten Subalternen bedroht fühlen und sie dann nicht mit sinnvollen Aufgaben betreuen, sondern sie statt dessen aufs tote Gleis abschieben, wo ihr menschliches Potential brach liegt, diese Situation trat in Charles' Fall nicht ein. Sein aufopferndes Temperament hob ihn die höchsten Stufen empor. Es war Charles, der betonte, gewisse Prozesse seien früher wirkungsvoller abgewickelt worden, ›als die Kathedralen weiß waren‹, und mit der Zeit wurde der gesamte Clevelandkomplex auf seine Begriffe abgestellt: ›Weiße‹, ›Vitaler Skeptizismus‹.

Zwei Männer hielten Charles am Boden, und der dritte stach ihm unbemerkt eine Nadel in die Hüfte.

Er erwachte in einem vage vertrauten Zimmer.

– Wo bin ich? fragte er die schwesternartige Person, die auf sein Läuten erschien.

– Porter Street, sagte das Geschöpf. Mlle. Ramona wird in Kürze bei Ihnen sein. In der Zwischenzeit trinken Sie etwas von diesem Orangensaft.

Immerhin, dachte Charles bei sich, ich kann den Mumm und den Schliff des tapferen Mädchens nur bewundern, das mich so begehrte, daß es das ganze Manöver bewerkstelligt hat – meine Entführung aus Cleveland und die Überführung hierher in diese geliebten Räume, wo mich die schöne Elsa einst umsorgte. Und jetzt muß ich schauen, ob meine Grundkonzeptionen mir aus dieser ›Klemme‹ helfen, denn eine ›Klemme‹ ist's. Ich hätte den Brief nicht schreiben sollen. Vielleicht sollte ich einen anderen Brief schreiben? Einen Nachfaßbrief?

Charles entwarf im Geiste einen Brief an Ramona:

Liebe Ramona –
jetzt, da ich wieder in Deiner Wohnung bin, mit diesen Stahlbändern um die Knöchel an dieses Bett gefesselt, sehe ich ein, daß mein früheres Schreiben an Dich, vielleicht, Anlaß zu Mißdeutungen bot etc. etc.

Elsa betrat den Raum und sah Charles ans Bett gefesselt daliegen.

– Das ist rechtswidrig!

– Setz Dich, Elsa. Bloß weil Du Studentin der Rechte bist, brauchst Du nicht zu meinen, Du müßtest überall die Rechtsordnung proklamieren. Es gibt Dinge, die haben nichts mit dem Recht zu tun. Einige Dinge haben mit dem Herzen zu tun. Dem Herzen, das unser großes Emblem, unsere Kokarde war, als die Kathedralen weiß waren.

– Ich mache mir Sorgen um Ramona, sagte Elsa. Sie versäumt Vorlesungen. Und sie gibt sich auf Kosten der Rechte der Ausgelassenheit hin.

– Mit Witzen?

– Spott. Und jetzt noch diese Außergesetzlichkeit. Deine Sequestration.

Charles und Elsa sahen aus dem Fenster in den schönen Tag.

– Schau das Blau am Himmel. Wie wunderbar. Nach all dem Grau, das wir hatten.

5.

Elsa und Ramona saßen in ihren Pyjamas vor dem Motorola-Fernseher.

– Was läuft sonst noch, fragte Elsa.

Ramona schaute in der Zeitung nach.

– Im siebten ist ›Johnny Allegro‹ mit George Raft und Nina Foch. Im neunten ›Johnny Angel‹ mit George Raft und Claire Trevor. Im elften ist ›Johnny Apollo‹ mit Tyrone Power und Dorothy Lamour. Im dreizehnten ist ›Johnny Concho‹ mit Frank Sinatra und Phyllis Kirk. Im zweiten ist ›Johnny Dark‹ mit Tony Curtis und Piper Laurie. Im vierten ›Johnny Eager‹ mit Robert Taylor und Lana Turner. Im fünften ›Johnny O'Clock‹ mit Dick Powell und Evelyn Keyes. Im einunddreißigsten ist ›Johnny Trouble‹ mit Stuart Whitman und Ethel Barrymore.

– Was sehen wir gerade?

– Wieviel Uhr ist es?

– Elf Uhr fünfunddreißig.

– ›Johnny Guitar‹ mit Joan Crawford und Sterling Hayden.

6.

Jacques, Elsa, Charles und Ramona saßen in einer Reihe beim Sonnentanz. Jacques saß neben Elsa und Charles saß neben Ramona. Natürlich saß Charles auch neben Elsa, aber er neigte sich mehr zu Ramona rüber. Schwer zu sagen, was seine Absichten waren. Er behielt seine Hände in den Taschen.

– Wie steht's mit der Aktion, Jacques?

– Gegenwärtig ganz gut. Seit dem Tarrytown-Manifest haben wir mehrere hundert neue Anhänger gewonnen. Elsa beugte sich über Charles, um Ramona etwas zu sagen.

– Hast Du die Pflanzen gegossen?

Die Sonnentänzer schlugen den Boden mit Weizengarben.

– Soll das den Sonnenschein darstellen oder was? fragte Ramona.

– Och, ich glaub, es ist bloß so eine Art ... die Sonne zu verherrlichen. Ich glaub nicht, daß das irgendwas darstellen soll.

Elsa sprang auf.

– Das ist rechtswidrig!

– Setz Dich, Elsa.

Elsa wurde schwanger.

7.

»Dieser junge Mann, ein Mann, obgleich erst achtzehn ...«

Große Hochzeitsszene

Charles mißt die Kirche aus

Elsa und Jacques von Blumen bombardiert

Väter und Mütter nehmen die Bahn in die Stadt

Der Minister hebt seine Hände

Räumung der Sakristei: Bombendrohung

Schwarze Limousinen mit Schleifen an den Antennen

Mehrere Männer auf Balkonen, die aussehen, als würden sie Signale geben oder klatschen

Verkehrsampeln

Stücke von blauer Torte

Champagner

8.

– Du, Ramona, weißt Du, ich bin doch froh, daß ich in die Stadt gekommen bin. Trotz allem.

– Ja, Elsa, für Dich ist es gut rausgekommen. Du bist jetzt Frau Jacques Tope. Und bald wird es ein Kleines geben.

– Nicht so bald. Nicht vor acht Monaten. Allerdings eins tut mir leid. Ausgesprochen ungern geb ich mein Jurastudium auf.

– Muß Dir nicht leid tun. Das Recht braucht genausogut kenntnisreiche Leute im Zivilleben wie in der Praxis. Deine Ausbildung wird nicht umsonst gewesen sein.

– Das ist lieb von Dir. Also bis später.

Elsa und Jacques und Charles gingen ins hintere Schlafzimmer. Ramona blieb draußen mit der Zeitung.

– Na ja, ich glaube, ich sollte gleichwohl den Kaffee aufsetzen, sagte sie sich. Pfui!

9.

Lachende Aristokraten spazierten in den Galerien der Stadt auf und ab.

Elsa, Jacques, Ramona und Charles machten eine Ausfahrt zur kombinierten Rennbahn und Kunstgalerie. Ramona trank ein Heineken, und alle anderen tranken auch eins. Die Tische waren überbesetzt mit lachenden Aristokraten. Weitere lachende Aristokraten trafen in ihren Kutschen ein, die von hüpfenden Zwillingsgespannen gezogen wurden. Einige kamen aus Brooklyn und São Paulo vorbei. Man diskutierte die Handhabung fundierter Verschuldung; man diskutierte das Benehmen der Königin. Alle Pferde liefen sehr gut, die Bilder liefen auch sehr gut. Die lachenden Aristokraten lutschten etwas mehr an den Köpfen ihrer mit Goldköpfen besetzten Spazierstöcke.

Jacques hielt seine Diplome vom ›New Yorker‹ Kino hoch, wo er sich, als er zwölf war, in den Filmklassikern verloren hatte.

– Ich erinnere mich an all den wunderschönen Schutt unter den Sitzen, sagte er, und ich erinnerte mich, daß ich damals wie heute lachende Aristokraten haßte.

Die Aristokraten hörten Jacques sprechen. Sie stachen vor Wut mit ihren Spazierstöcken in die Luft. Hunderte von Spazierstöcken zersplitterten in der Sonne wie eine Ladung Antihistamin, die aus einem Flugzeug fällt. Weitere lachende Aristokraten trafen in Phaetons und Schinderkarren ein.

Als Folge seiner achtmonatigen Abwesenheit in Cleveland verlor Charles dort seinen Posten.

– Es stimmt schon, daß ich dem Lachenden-Aristokraten-Flügel angehöre, sagte Charles. Ich meine, nicht daß ich einer von ihnen wäre. Ich meine, ich bin ihr Geschöpf. Sie haben mich in der Gewalt.

Lachende Aristokraten, die den Gestehungskosten-plus-Gewinnspanne-Vertrag erfunden haben …

Lachende Aristokraten, die den Grundstücksmakler erfunden haben …

Lachende Aristokraten, die Texolyte erfunden haben …

Lachende Aristokraten, die außen alles mit einem feuchtwarmen Tuch abwischen …

Charles kippte noch ein leuchtend grünes Heineken.

– Auf die Aktion!

10.

Die puertorikanischen Anstreicher sind gekommen, wie alle drei Jahre, um die Wohnung zu streichen.

Die Anstreicher, Emmanuel und Curtis, hievten Eimer, Roller, Leitern und Tropfentücher die Treppen rauf.

– In welcher Weißtönung wollt ihr die Wohnung haben?

Beratung.

– Wie wär's mit einfachem Weiß?

– Gut, sagte Emmanuel. Das ist ein unheimlich gut aussehender Motorola-Fernseher, den ihr da habt. Könntet ihr Kanal 47 einschalten, por favor. Da läuft ein Film, den wir sehen wollen. Wir können streichen und fernsehen zur gleichen Zeit.

– Was für ein Film?

– ›Victimas de Pecado‹ mit Pedro Vargas und Ninon Sevilla.

Elsa sprach mit ihrem Mann Jacques.

– Ramona hat mich erschreckt.

– Wieso?

– Sie sagte, man könnte mit jemand nicht mehr als vierhundert Mal schlafen, ohne gelangweilt zu sein.

– Woher weiß sie das?

– Sie hat's aus einem Buch.

– Eben, sagte Jacques, was wir wirklich wollen, tun wir nur an die 11 Prozent der Zeit. In unserem ganzen Leben.

– 11 Prozent!

In den Ingres-Gärten sang der große Sänger Mondbauch einen Song der Wut.

11.

Vercingetorix, Chef der Feuerwehr, langte nach seinem roten Telefon.

– Hallo, spreche ich mit Ramona?

– Nein, ich bin's, Elsa. Ramona ist nicht zu Hause.

– Würden Sie ihr ausrichten, daß der Chef der gesamten Feuerwehr angerufen hat?

Ramona fuhr fürs Wochenende mit Vercingetorix aufs Land. Sie fuhren zu seiner Farm, ungefähr achtzig Meilen weit draußen. In der Küche der Farm fielen Fledermäuse über sie her. Vercingetorix konnte seinen Besen nicht finden.

– Stülp eine Tüte drüber. Wo sind die Tüten?

– Die Eßsachen, sagte Vercingetorix.

Ramona kippte die Eßsachen auf den Boden. Die Fledermäuse sausten durchs Zimmer und stießen laut vernehmbare Pfiffe aus. Die große braune Tüte in den Händen, machte Vercingetorix matte Fanggebärden in Richtung Fledermäuse.

– Wehe, wenn mir eine ins Haar kommt, sagte Ramona.

– Sie wollen nicht in die Tüte fliegen, sagte Vercingetorix.

– Gib mir die Tüte. Wenn mir eine ins Haar kommt, kratz ich vor Deiner Nase ab.

Ramona stülpte sich die Tüte über den Kopf, gerade als eine Fledermaus auf sie prallte.

– Was war das?

– Eine Fledermaus, sagte Vercingetorix, aber sie ging Dir nicht ins Haar.

– Verdammich, sagte Ramona, drinnen im Sack, warum kannst Du nicht in der Stadt bleiben wie andere Menschen auch.

Mondbauch trat aus dem Gebüsch und bedeckte ihre Arme mit Küssen.

12.

Jacques überredete Mondbauch, bei einer Sammelaktion für die Unterzeichner des Tarrytown-Manifests aufzutreten, denn sie waren ein bißchen in rechtlichen Schwierigkeiten. Dreihundert jüngere Leute saßen in der Kirche. Pappteller wurden reihauf und reihab gereicht. Eine Masse Münzen kam zusammen.

Mondbauch sang einen neuen Song: ›Das System kann sich strenger Prüfung nicht entziehen.‹

Das System kann sich strenger Prüfung nicht entziehen
Das System kann sich strenger Prüfung nicht entziehen
Das System kann sich strenger Prüfung nicht entziehen
Das System kann sich strenger Prüfung nicht entziehen
Etc.

Jacques sprach knapp und gut. Ein paar Münzen mehr prasselten auf die Bühne.

Auf der Party nach der Sammelaktion sprach Ramona mit Jacques, denn er sah einnehmend aus und war von Triumph umspült.

– Du mußt mir etwas erklären.

– Also Ramona, was willst Du wissen?

– Versprichst Du mir, daß Du die Wahrheit sagst?

– Klar. Bestimmt.

– Kann man von einem Song geschwängert werden?

– Ich glaube nicht. Ich würde sagen, nein.

– Im Schlaf, vielleicht?

– Ist nicht sehr wahrscheinlich.

– Was für Leute haben hysterische Schwangerschaften?

– Nun, das weißt Du doch. Dieser leicht nervöse Typ.

– Wenn eine hysterische Schwangerschaft auf eine Geburt hinausläuft, wird sie dann immer noch als hysterisch angesehen.

– Nein.

– Pfui!

13.

Charles und Jacques versuchten einen geparkten Volkswagen flott zu machen. Um einen geparkten Volkswagen mit seiner Parkbremsvorrichtung flott zu kriegen, braucht man drei Leute, normalerweise.

Der dritte ward gesichtet. Er kam die Straße runter.

– Sag mal, Freundchen, könntest Du eine Minute mit Hand anlegen?

– Selbstverständlich, sagte der dritte.

Charles, Jacques und der dritte packten den VW fest an und hievten ihn hoch. Er bewegte sich vorwärts und tat einen neuen Parkplatz auf, wo vorher nur ein halber war.

– Danke, sagte Jacques. Und jetzt, würde es Dir etwas ausmachen, uns beim Abladen dieses kleinen Lieferwagens behilflich zu sein? Es sind Drucksachen für die weltweite Aktion zur Befreiung von überkommenen Denkweisen, deren Sklaven wir alle sind.

– Gerne.

Charles, Jacques und Hector trugen die Bündel Drucksachen die Treppen herauf in der Porter Street.

– Jacques, was steht in den Drucksachen drin?

– Es steht drin, daß die Regierung versprochen hat, uns einen Teil unseres Gelds zurückzugeben, wenn sie den Krieg verliert.

– Ist das wahr?

– Nein. Wie wär's jetzt mit einem Drink?

Beim Drink guckten sie auf das schwarze Posaunenfutteral, das unter Hectors Jacke lag.

– Ist das ein Posaunenfutteral?

Hectors Augen wurden glasig.

Mondbauch saß auf der Couch, sein großer Bauch war von Pflanzen und Tieren zugedeckt.

– Es ist gut, wenn man ist, was man ist, sagte er.

14.

Ramonas Kind kam an einem Mittwoch zur Welt. Es war ein Junge.

– Aber Ramona, wer ist denn hier der Verantwortliche? Charles? Jacques? Mondbauch? Vercingetorix?

– Es war eine jungfräuliche Geburt, unglücklicherweise, sagte Ramona.

– Aber was heißt das für das Kind?

– Nichts, sagte Ramona. Es war halt eine ganz normale jungfräuliche Geburt. Aber zerbrich Dir darüber nicht Deinen hübschen Kopf, Elsa, Liebes.

Wie sehr Ramona auch versuchte, die jungfräuliche Geburt zu bagatellisieren, man bestand darauf, sich darüber zu ereifern.

Einige Kardinäle von der Heiligen Rota kamen hereingeschneit.

– Was behauptest Du hier, törichtes Mädchen?

– Ich behaupte gar nichts, Hochwürden. Ich erstatte nur Bericht.

– Nenn uns den Mann, der dich kompromittiert hat!

– Mein Herr, es war eine jungfräuliche Geburt.

– Kardinal Maranto blickte stirnrunzelnd in verschiedene Richtungen.

– Noch eine jungfräuliche Geburt, das kann es nicht geben.

Ramona senkte keusch die Lider. Das Kind, Sam, war in eine Decke gewickelt, aus der die Füße herausstaken.

– Decken Sie doch diese Füße zu.

– Danke, Kardinal, mach ich.

15.

Ramona ging in die Juravorlesung und trug Sam in einer Schlinge auf der Hüfte.

– Was ist denn das?

– Mein Kind.

– Ich wußte gar nicht, daß Du verheiratet bist.

– Bin ich nicht.

– Das ist, glaub ich, rechtswidrig.

– Wider welches Recht?

– Alle Studenten sahen zum Professor.

– Nun, es gibt ein Gesetz gegen Unzucht, auf dem Papier, aber natürlich geht man nicht allzuoft gegen sie vor haha. Es ist eher schwierig dagegen vorzugehen haha.

– Ich muß Ihnen sagen, sagte Ramona, dieses Kind wurde nicht von einem menschlichen Menschen empfangen. Es war eine jungfräuliche Geburt. Unglücklicherweise.

Ein paar Wellen von Gegriene schwappten durch den Hörsaal.

Ein Jurastudent namens Harold sprang auf.

– Hört endlich mit dem Gegriene auf. Was denkt Ihr Euch eigentlich? Euren Spott über dieses anständige Mädchen zu gießen. Eher will ich verdörren, eh ich das zulasse! Sind wir Kavaliere? Ist diese junge Dame unsere Kommilitonin? Oder sind wir wilde Tiere auf dem Felde? Ramona, diese Dirne – nein, das wollte ich ja gar nicht sagen. Ich wollte sagen, nicht an ihre Veruntreuungen sollten wir denken, sondern an unsere eigenen Veruntreuungen. Denn, wie Augustinus sagt, sollten wir aus irgendeinem Irrtum oder einer Sünde unserer selbst von Traurigkeit befallen werden, so lasset uns nicht nur beherzigen, daß ein bedrückter Geist Gott ein Opfer bringt, sondern auch die Worte: so wie Wasser löschet loderndes Feuer, so löschet Almosenspenden die Sünde; und ich begehre, spricht der Herr, mehr Barmherzigkeit als Opfer. Wie wenn wir also in Feuergefahr wären und wir, natürlicherweise, nach Wasser laufen würden, um es zu löschen, und wir denen dankbar wären, die uns in der Nähe Wasser zeigten, so wie wenn eine Flamme der Sünde aus dem Heue unserer Leidenschaften emporsteigt, sollten wir uns daran erinnern, daß uns der Grund für ein Werk großer Barmherzigkeit geschenkt wurde. Deshalb –

Harold brach in der Hitze seiner Phantasien zusammen.

Ein Student auf einem benachbarten Platz schaute tief in Sams Augen.

– Braun sind sie.

16.

Mondbauch zupfte an seiner Guitarre.

– Eine Geburtshymne? Will ich wirklich eine Geburtshymne schreiben?

– Was halt ich überhaupt von dieser gottverdammten Geburt?

– Natürlich liegt sie in der Tradition.

– Ist das der wahre Zweck der Städte? Kommt das von all den vielen Einheiten, die man unter dem Rot, Weiß und Blau zusammengesteckt hat?

– Städte sind erotisch – auf eine deprimierende Art. Könnte das mein Thema sein?

– Natürlich bin ich meistens am besten bei irgendeinem Wut-Thema. Nur –

– C...F...C...F...C...F...G_7...

Mondbauch schrieb: ›Städte sind Zentren der Kopulation.‹

Ein Prokurist der Plattenfirma überreichte Mondbauch eine goldene Platte als Zeichen der Anerkennung für den Verkauf der Millionsten Platte von ›Städte sind Zentren der Kopulation‹.

17.

Charles und Jacques redeten immer noch mit Hector Guimard, dem ehemaligen Posaunenspieler.

– Deins ist eben kein modernes Problem, sagte Jacques. Das Problem ist heutzutage nicht Angst, sondern Mangel an Angst.

– Halt mal, Jacques, eine Sekunde. Obwohl ich persönlich finde, daß nichts gegen das Posaunespielen spricht, kann ich Hectors Gefühle verstehen. Ich kenne einen Maler, der übers Malen genauso denkt. Jeden Morgen steht er auf, putzt sich die Zähne und steht vor einer leeren Leinwand. Ihn überkommt das schreckliche Gefühl, *überflüssig* zu sein. Also geht er zum Zeitungskiosk und kauft sich eine Zeitung, die Times. Er kommt zurück und liest die Times. Solange er mit der Times verkoppelt ist, fühlt er sich wohl. Aber die Times ist bald ausgeschöpft. Die leere Leinwand bleibt. Also macht er – gewöhnlich – ein Zeichen darauf, irgendein Zeichen, nicht das, was er eigentlich will. Irgendein altes Zeichen, bloß um etwas auf der Leinwand zu haben. Danach ist er tief deprimiert, weil er das, was da steht, gar nicht wollte. Und inzwischen ist es Zeit zum Mittagessen. Er geht aus und kauft sich im Deli ein Pastrami-Sandwich. Kommt zurück und ißt das Sandwich, wobei er auf die Leinwand mit dem verkehrten Zeichen schielt. Im Laufe des Nachmittags übermalt er das Zeichen vom Morgen. Das bietet ihm ein gewisses Maß an Befriedigung. Der Rest des Nachmittags wird damit verbracht, zu entscheiden, ob ein anderes Zeichen zu wagen ist oder nicht. Das neue Zeichen, falls eins gewagt wird, wird unvermeidlich auch fehlkonzipiert sein. Er wagt's. Es ist fehlkonzipiert. Und zwar ist es höchstgradig vulgär. Er übermalt das zweite Zeichen. Angst wächst an. Immerhin, die Leinwand ist jetzt, an sich und für sich, durch die falschen Zeichen und durch das Übermalen ziemlich interessant geworden. Er geht zum Supermarkt und kauft ein mexikanisches TV-Abendessen und viele Flaschen Carta Blanca. Er kommt zurück ins Atelier und, vor der Leinwand sitzend, ißt er sein mexikanisches Abendessen und trinkt ein paar Flaschen Carta Blanca. Jedenfalls ist die Leinwand nicht mehr leer. Freunde kreuzen auf und beglückwünschen ihn zur nicht-leeren Leinwand. Er beginnt sich wohler zu fühlen. Ein Etwas wurde dem Nichts abgerungen. Die Qualität dieses Etwas ist noch umstritten – er ist keineswegs sicher. Und natürlich hat sich die gesamte Malerei – die ganze Kunst – auf etwas anderes zu bewegt; nicht gerade in seine Richtung, und er weiß das, aber trotzdem …

– Was hat das mit dem Posaunespielen zu tun? fragte Hector.

– Ich hatte, als ich anfing, den Zusammenhang im Kopf, sagte Charles.

– Wie Goethe sagt, Theorie ist grau, aber der goldne Baum des Lebens ist grün.

18.

Jeder in der Stadt sah sich einen Film über ein Indianerdorf an, das von einem Tiger bedroht war. Nur Wendell Corey stand zwischen dem Dorf und dem Tiger. Außerdem hatte Wendell Corey sein Gewehr fallen lassen – oder der Tiger hatte es ihm vielmehr aus der Hand geschlagen –, und ihm war nur noch sein Messer geblieben. Hinzu kam, daß der Tiger Wendell Coreys linken Arm bis zur Schulter im Rachen hatte.

Ramona dachte über die Stadt nach.

– Ich muß gestehen, wir sitzen fest im höchst exquisiten, mysteriösen Mist. Dieser Mist zittert und bebt. Er strebt in alle Richtungen und hat einen Bürgermeister. Um das zu beschreiben, brauchte man viele hunderttausend Worte. Unser Mist ist ja nur Teil eines viel größeren Mists – nämlich des Nationalstaats –, der selbst ein Produkt jenes Mists aller Mistigkeiten ist, nämlich des menschlichen Bewußtseins. Klar, daß all das auch seinen Hauch von Größe hat, zum

Beispiel wenn Mondbauch singt oder wenn alle Lichter ausgehen. Was war das für eine herrliche Zeit, als der Strom ausfiel. Wenn wir dieses Paradies nur wiedererschaffen könnten. Zum Beispiel, indem wir alle zur gleichen Zeit vergessen, unsere Stromrechnungen zu bezahlen. Alle neun Millionen. Dann kriegten wir alle die kleinen Mahnungen, auf denen steht, daß, falls die Überweisung nicht innerhalb von fünf Tagen erfolge, alle Lichter ausgehen würden. Die Mahnung in der Hand, stehen wir von unseren Stühlen auf. Über die zerfurchte Oberfläche von neun Millionen Köpfen zieht derselbe Gedanke. Wir blinzeln uns durch die Wände zu.

Im Elektrizitätswerk kam Nervosität auf, als Ramonas Gedanken sich in den parapsychologischen Raum katapultierten.

Ramona arrangierte Namen zu verschiedenen Mustern.

VERCINGETORIX
MONDBAUCH
CHARLES

MONDBAUCH
CHARLES
VERCINGETORIX

CHARLES
VERCINGETORIX
MONDBAUCH

– Ich war es, auf die ihr Blick fiel. Die zeugende Kraft war, wahrscheinlich, der verschmolzene Blick ihrer aller. Von all den Millionen Einheiten, die über die Oberfläche dieser Stadt krabbeln, war es ihr flimmerndes begieriges Auge, das mich wählte. Es weitete sich die Pupille, um mehr Licht einzulassen: mehr Ich. Und sie fingen an, kleine Angst- und Suggestionstänze aufzuführen. Tänze, die eine Einladung von unmißverständlicher Bedeutung darstellen, eine Einladung, die, sofern man sie annimmt, einen viele schlammige Straßen entlangführt. Ich hab sie angenommen. Was war die Alternative?

Dem Pionier Paul Klee kommt ein Flugzeug abhanden, zwischen Milbertshofen und Cambrai, im März 1916

Paul Klee sagte:

»Man hat mich jetzt zu den Luftstreitkräften versetzt. Ein freundlicher Feldwebel nahm die Versetzung vor. Meinte, ich würde hier eine bessere Zukunft haben, mehr Aussichten auf Beförderung. Zunächst hat man mich der Flugzeugreparatur zugeteilt, zusammen mit mehreren anderen Arbeitern. Führten uns nicht als bloße Maler ein, sondern als Kunstmaler. Das erregte etwas Kopfschütteln. Wir lakkierten hölzerne Flugzeugrümpfe, besserten alte Nummern aus und fügten mit Hilfe von Schablonen neue hinzu. Dann zog man mich von der Malerkleinarbeit ab, teilte mich dem Transport zu. Ich eskortierte Flugzeuge, die zu den verschiedenen Basen in Deutschland geschickt wurden und außerdem (wie ich höre) in besetztes Gebiet. Kein schlechtes Leben. Meine Nächte bringe ich mit Ausschweifungen quer durch Bayern (oder da herum) zu und meine Tage mit Rangieren auf Güterbahnhöfen. Man findet in den Bahnhofsrestaurants immer Brot, Wurst und Bier. Wenn ich in eine bemerkenswerte Stadt komme, versuche ich da die bemerkenswerten Bilder zu sehen, sofern es die Zeit erlaubt. Es gibt immer unerwartete Verzögerungen, Umbeförderungen, Rücktransporte. Dann Rückkehr zur Etappe. Ich sehe Lily ziemlich oft. Wir treffen uns in Hotelzimmern, und das ist aufregend. Ich habe noch nie ein Aeroplan verloren oder versäumt, es an seinem Bestimmungsort abzuliefern. Der Krieg scheint endlos. Walden hat sechs von meinen Blättern verkauft.«

Die Geheimpolizei sagte:

»Wir haben Geheimnisse. Wir haben viele Geheimnisse. Wir begehren alle Geheimnisse. Wir haben deine Geheimnisse nicht, und da sind wir hinterher, hinter deinen Geheimnissen. Unser erstes Geheimnis ist, wo wir sind. Niemand weiß es. Unser zweites Geheimnis ist, wie viele von uns dort sind. Niemand weiß es. Omnipräsenz ist unser Bestreben. Wirkliche Omnipräsenz haben wir nicht einmal nötig. Die Idee der Omnipräsenz reicht. Mit Omnipräsenz, Hand-in-Hand gleichermaßen, geht Omniszienz. Und mit Omniszienz und Omnipräsenz geht, Hand-in-Hand, gleichermaßen, Omnipotenz. Wir sind ein dreiseitiger Walzer. Indes, unsere Stimmung ist melancholisch. Es gibt einen Geheimseufzer, den seufzen wir. Geheim. Wir verzehren uns danach, gekannt zu werden, anerkannt, ja bewundert. Zu was ist Omnipotenz nutze, wenn niemand von ihr weiß. Allerdings ist das ein Geheimnis, dieser unser Kummer. Jetzt sind wir überall. Ein Ort, an dem wir sind, ist hier, wo wir Pionier Paul Klee beobachten, der drei wertvolle Flugzeuge B.F.W.3054/16-17-18 mit Ersatzteilen per Bahn von Milbertshofen nach Cambrai eskortiert. Wünschen Sie zu wissen, was Pionier Klee genau in diesem Augenblick tut, im Packwagen? Er liest ein Buch mit chinesischen Novellen. Er hat seine Stiefel ausgezogen. Seine Füße ruhen in sechsundzwanzig Zentimeter Entfernung vom Packwagenofen.«

Paul Klee sagte:

»Diese chinesischen Novellen sind leicht und lieblich. Natürlich vermag ich nicht zu wissen, ob die Übersetzung hinlänglich ist oder im Gegenteil. Lily wird mich am Sonntag treffen, in unserem gemieteten Zimmer, falls ich rechtzeitig zurück bin. Unsere Bestimmung ist Kampfgeschwader Fünf. Ich habe seit früh nichts zu essen gehabt. Die schöne Speckseite, die man mir zusammen mit meinen Verpflegungsgeldern gegeben hatte, als wir die Etappe verließen, ist aufgegessen. Heute früh hat mir eine Rotkreuz-Dame mit Silberblick etwas von ihrem sehr guten Kaffee gegeben. Immerhin. Jetzt fahren wir in Hohenbudberg ein.«

Die Geheimpolizei sagte:

»Pionier Klee hat sich in das Bahnhofsrestaurant begeben. Er gönnt sich ein tüchtiges Mittagessen. Wir werden ihm da folgen.«

Paul Klee sagte:

»Jetzt trete ich aus dem Bahnhofsrestaurant heraus und spaziere entlang der Wagenkolonne auf den offenen Güterwagen zu, auf dem meine Flugzeuge (ich denke an sie als *meine* Flugzeuge) befördert werden. Zu meinem Erstaunen und Entsetzen bemerke ich, daß eines von ihnen fehlt. Es waren drei, fest auf den Güterwagen gebunden und mit Zeltplanen bedeckt. Jetzt sehe ich mit meinem geübten Malerauge, daß statt drei zeltplanbedeckten Gebilden nur zwei auf dem Güterwagen sind. Da, wo das dritte Flugzeug war, ist nur ein Kuddelmuddel aus Zeltplanen und lockerem Tau. Ich schaue rasch um mich, um zu sehen, ob irgend jemand das Verschwinden des dritten Flugzeugs bemerkt hat.«

Die Geheimpolizei sagte:

»Wir hatten es bemerkt. Unser geübtes Polizistenauge hatte die Tatsache bemerkt, daß da, wo vorher drei Flugzeuge auf dem Güterwagen festgebunden und mit Zeltplane bedeckt gewesen sind, jetzt nur zwei waren. Unglücklicherweise waren wir im Moment des Abhandenkommens im Bahnhofsrestaurant beim Essen und können deshalb nicht bezeugen, wohin es gelangt sein oder wer es beiseite geschafft haben könnte. Das ist etwas, was wir nicht wissen. Das ist irritierend. Wir beobachten den Pionier Klee schärfstens, um zu ermitteln, zu welchem Tun er sich in der Not entschließen wird. Wir beobachten, daß er seinem Waffenrock ein Wachstuchheft und einen Bleistift entnimmt. Wir beobachten, daß er beginnt – sehr korrekt nach unserer Meinung –, in sein Wachstuchheft alle Besonderheiten der Angelegenheit niederzuschreiben.«

Paul Klee sagte:

»Die Form der eingesunkenen Zeltplanen, unter welchen das Flugzeug gestanden hatte, zusammen mit den lockeren Tauen – die Plane bildet Hügel und Täler, verführerische Falten, die Taue reinster Inbegriff der Lockerheit, hinabgleitend – es ist unwiderstehlich. Ich skizziere etwa zehn oder fünfzehn Minuten, derweil ich mich frage, ob ich nicht in Schwierigkeiten geraten könnte, des fehlenden Flugzeugs wegen. Wenn ich beim Kampfgeschwader Fünf ankomme, mit einer kleineren Anzahl von Flugzeugen als der, die auf dem Frachtbrief verzeichnet ist, wird dann nicht irgendeine diensteifrige Person böse werden? Mich anschreien? Ich habe mit Skizzieren aufgehört. Jetzt werde ich die verschiedensten Zugangestellten und das Stationspersonal fragen, ob sie irgend jemanden das Flugzeug haben wegschaffen sehen. Falls sie verneinen, werde ich äußerst frustriert sein. Ich werde anfangen, den Güterwagen zu treten.«

Die Geheimpolizei sagte:

»Frustriert fängt er an, den Güterwagen zu treten.«

Paul Klee sagte:

»Ich schaue hinauf in den Himmel, um zu sehen, ob mein Flugzeug da oben ist. Es sind da am Himmel Flugzeuge verschiedenen Typs, aber keins von dem Typ, den ich suche.«

Die Geheimpolizei sagte:

»Pionier Klee sucht den Himmel ab – ein in hohem Maße tadelloses Vorgehen, unserer Meinung nach. Wir, die Geheimpolizei, auch wir durchforschen mit den Blicken den Hohenbudberger Himmel, finden aber nichts. Wir gehen mit uns zu Rate, ob wir nicht ins Bahnhofsrestaurant zurückgehen sollten und damit beginnen, unseren Vorrapport abzufassen, um ihn dann an höhere Polizeidienststellen weiterzuleiten. Der verzwickte Punkt hinsichtlich des Vorrapports ist, daß wir die Antwort nicht haben auf die Frage ›Wo ist das Flugzeug‹. Der Schaden, potentiell zur Idee der Omniszienz sowie auch potentiell zu unseren Karrieren, gebietet, daß dieser Punkt im Vorrapport ausgelassen wird. Nur, falls dieser Punkt ausgelassen wird, könnte dann nicht irgendeine diensteifrige Person auf dem Hauptbüro für Geheimhaltung die Auslassung bemerken? Und böse werden? Uns anschreien? Auslassen von Angaben wird vom Hauptbüro nicht honoriert. Wir beschließen, weiterhin das Tun des Pioniers Klee zu beobachten, vorläufig.«

Paul Klee sagte:

»Ich, der ich niemals ein Flugzeug verloren habe, habe ein Flugzeug verloren. Das Flugzeug war mir vertraglich anvertraut. Der Preis des Flugzeugs, sollte es nicht gefunden werden, wird von meinem Lohn – eh schon mager genug – abgezogen werden. Selbst wenn Walden Hunderte, Tausende von Blättern verkauft, werde ich nicht genügend Geld haben, um das verteufelte Flugzeug zu bezahlen. Kann ich während der Zeit, in der das Flugzeug im Hohenbudberger Rangierbahnhof bleibt, ein neues Flugzeug bauen oder sogar das Abbild von einem Flugzeug, mit keinerlei Materialien für die Arbeit noch mit tatsächlich gar keiner speziellen Kenntnis vom Flugzeugbau? Die Situation ist lachhaft. Deshalb will ich VERNUNFT anwenden. VERNUNFT diktiert die Lösung. Ich werde den Frachtbrief verkrickeln. Mit meinem Malergeschick, das letztlich nicht mal so viel anders ist als das eines Fälschers, werde ich den Frachtbrief ändern, um somit die Übersendung von zwei Flugzeugen B.F.W. 3054/16 und 17 an das Kampfgeschwader Fünf zu spiegeln. Die zusätzlichen Zeltplanen und Taue verstecke ich in einem leeren Frachtwaggon, demjenigen, der seinen Nummernschildern zufolge Kurs auf Essigny-le-Petit nimmt. Jetzt will ich noch einen Bummel durch die Stadt machen und schauen, ob ich einen Laden mit Schokolade finden kann. Dringend brauche ich Schokolade.«

Die Geheimpolizei sagte:

»Jetzt beobachten wir den Pionier Klee beim Verstecken der Zeltplanen und Taue, welche das ehemalige Flugzeug bedeckten, in einen leeren Frachtwaggon, der nach Essigny-le-Petit geht. Zuvor haben wir ihn beim Verkrickeln des Frachtbriefes beobachtet, mit seinem Malergeschick, das vom Geschick eines Fälschers nicht allzu verschieden ist. Diesen Maßnahmen des Pioniers Klee zollen wir Beifall. Der Widerspruch, mit dem wir uns in der Angelegenheit des Vorrapports konfrontiert sahen, ist somit auf höchst zufriedenstellende Weise gelöst. Wir sind stolz auf den Pionier Klee und auf die entschiedene und mannhafte Art und Weise, wie er mit der Krise fertiggeworden ist. Wir sagen voraus, er wird es weit bringen. Wir würden ihn gern als Kameraden und Bruder umarmen, aber unglücklicherweise sind wir nicht umarmbar. Wir sind geheim, wir existieren im Schatten, das Vergnügen der kameradschaftlichen, brüderlichen Umarmung ist uns in unserem trüben Dienst verwehrt.«

Paul Klee sagte:

»Wir kommen in Cambrai an. Die Maschinen werden abgeladen, sechs Männer für jede Maschine. Die Arbeit geht rasch. Niemand zieht meinen geänderten Frachtbrief in Zweifel. Das Wetter klärt sich. Nach dem Essen will ich weggehen, um die Rückreise anzutreten. Mein Entlassungsschein und die Zugbestellung liegen bereit, aber erst muß noch der Leutnant zum Unterschreiben kommen. Ich warte zufrieden in der warmen, ordentlichen Stube. Die Zeichnung, die ich von den eingesackten Zeltplanen und den Tauen gemacht habe, ist wirklich sehr gut. Ich esse ein Stück Schokolade. Das verlorene Flugzeug bedaure ich, aber nicht übermäßig. Der Krieg ist vorübergehend. Doch Zeichnungen und Schokolade dauern ewig fort.«

Am Ende des mechanischen Zeitalters

Ich ging ins Lebensmittelgeschäft, um Seife zu kaufen. Ich stand vor den Seifen mit den bunten Packungen, SCHRUBB und TIP und TOP und dergleichen, ich konnte mich nicht entscheiden, also schloß ich die Augen und griff blind zu, und als ich die Augen öffnete, sah ich ihre Hand in meiner.

Sie hieße Mrs. Davis, sagte sie, und SCHRUBB wäre ihrer Meinung nach das beste für ein tiefgreifendes Wascherlebnis. Also gingen wir zum Mittagessen in ein mexikanisches Restaurant, das, wie es der Zufall wollte, ihr gehörte, sie führte mich in die Küche und zeigte mir die Stapel ansehnlicher beigefarbener Tortillas und die Fixiglitz-polierten Grillplatten. Ich erzählte ihr, ich könnte es nicht sehr gut mit Frauen, und sie sagte, das wäre egal, das wäre bei den meisten Männern so, und überhaupt wäre jetzt alles egal, wo es Jake nicht mehr gäbe, aber als Zwischenlösung könnte ich hingehen, und setzen Sie sich doch und trinken Sie eine Carta Blanca. Also setzte ich mich und trank eine eisgekühlte Carta Blanca, Gott stand im Parterre und las die Zähler ab, er schaute nach, wieviel Gnade im Monat Juni verbraucht worden war. Gnade ist Elektrizität, hat die Wissenschaft festgestellt, sie ist nicht *so ähnlich wie* Elektrizität, sie *ist* Elektrizität, und so war Gott ins Parterre hinuntergestiegen und las die Zähler ab in Seinem Blaumann, mit der Taschenlampe in der Hintertasche.

»Das Ende des mechanischen Zeitalters naht«, sagte ich zu ihr.

»Oder es ist schon da«, antwortete sie.

»Es war ein gutes Zeitalter«, sagte ich, »ich habe mich darin behaglich gefühlt – mehr oder weniger. Wahrscheinlich wird mir das auf uns zukommende Zeitalter nicht ganz so sehr gefallen. Es macht mir keinen guten Eindruck.«

»Man darf nicht voreilig sein. Wir wissen noch nicht, wie das nächste Zeitalter aussehen wird. Ich habe allerdings das dumpfe Gefühl, es wird ein Zeitalter sein, in dem persönliches Wohlbefinden und Behaglichkeit verpönt sein werden, und gerade das mag ich, persönliches Wohlbefinden und Behaglichkeit.«

»Glauben Sie, man kann etwas dagegen machen?« fragte ich sie.

»Sich verkriechen und kuscheln«, sagte Mrs. Davis. »Wir können uns verkriechen und kuscheln. Wir werden natürlich an einen toten Punkt kommen, im Laufe der Zeit kommt alles an einen toten Punkt ...«

Dann gingen wir zu mir, uns verkriechen und kuscheln. Die meisten Frauen haben zwei verschiedene Farben, wenn sie sich ausziehen, vor allem im Sommer, aber Mrs. Davis hatte nur eine Farbe, ocker. Sich verkriechen und kuscheln schien ihr zu gefallen, sie blieb viele Tage. Von Zeit zu Zeit sah sie im Restaurant nach dem Rechten, sorgte dafür, daß alles fixiglitz war, verteilte Geldbeträge an das Personal und kam zurück mit Säcken voll Tortillas, Kästen mit Carta Blanca und eimerweise Guacomole, aber ich zahlte ihr etwas dafür, weil ich mich nicht in ihrer Schuld fühlen wollte.

Ich sang ihr ein Lied, ein Lied von großer Hoffnung.

»Ralph wird kommen«, sang ich, *»Ralph schreitet in seinem Lichteranzug über Monde und Berge, über Parkplätze und Brunnen, deiner seidigen Seite zu. Ralph wird kommen, er trägt einen Mantel von mancherlei Farbe und hat alle wichtigen Kreditkarten bei sich, und er schreitet dahin, dich zu treffen und deine nebligen Träume in einer Explosion von Erde und Blut gipfeln zu lassen, am Ende des mechanischen Zeitalters. Ralph wird kommen, fünfzig Läufer mit Speeren werden ihm voraneilen und fünfzig Tänzerinnen, die aus kleinen Körben Blattspinat auf seinen Weg streuen. Ralph ist vollkommen«*, sang ich, *»aber er steckt auch voller origineller, tragischer Fehler, er kann fünfzig Läufer unter den Tisch trinken, ohne im Schreiten innezuhalten, und er kann fünfzig Tänzerinnen beiwohnen, ohne im Schreiten innezuhalten, selbst seine Socken sind gebügelt, so flott ist Ralph, aber er steckt genauso tief im Dreck wie wir alle, er vertreibt den Dreck mit hohem Gewinn zur industriellen Sondernutzung, und er schreitet, schreitet, schreitet, deinem wartenden Herzen entgegen. Natürlich kann es passieren, daß du ihn nicht magst, manche Leute sind schrecklich wählerisch ... Ralph wird kommen«*, sang ich für sie, *»er schreitet über buntgescheckte Ebenen und aberwitzige Flüsse, und er wird dein Leben zum Besseren wenden,*

wahrscheinlich, du wirst ohnmächtig werden vor diebischer Lust bei der bloßen Berührung seiner würdevollen, sanften Riesenhand, obwohl mir klar ist, daß einige Leute Reichtum nicht ertragen können, Ralph wird kommen, ich höre seine Hufstapfen auf der Trommel der Geschichte, er schreitet, wie er schon sein ganzes Leben lang geschritten ist, zu dir, zu dir, zu dir.«

»Ja«, sagte Mrs. Davis, als ich aufgehört hatte zu singen, »das habe ich allerdings verdient. Aber wahrscheinlich kriege ich es nicht. Und in der Zwischenzeit sind Sie da.«

*

Gott regnete dann vierzig Tage und vierzig Nächte lang, und als das Wasser die Vorderfront des Hauses wegriß, stiegen wir in das Boot, Mrs. Davis gefiel, wie ich das Boot vom Anhänger herunter und aus der Garage heraus bugsierte, das war für sie Anlaß zu einem Nachruf auf Jake.

»Jake war gradlinig in seiner Art«, sagte sie, »er war unkompliziert, und deswegen konnte er so sein, wie er war.« Sie starrte, wie mir schien, ziemlich nachdenklich in ihren Scotch mit Überschwemmungswasser, ringsum tanzten Trümmer auf den Wellen, aber sie achtete nicht darauf. »Die Art von Mann gefällt mir«, sagte sie, »stark und unkompliziert. Mit Kleinkram gab sich Jake nicht ab, er ging geradewegs durch die Mitte, und er machte immer ein paar Meter gut, egal was gespielt wurde. Er gierte nach dem Leben, und das Leben gierte nach ihm. Ich war untröstlich, als Jake dahinschied.« Mrs. Davis trank den Scotch, um ihre Nerven zu beruhigen, sie hatte natürlich keine Nerven, sie war ganz nervenlos und möglicherweise auch herzlos, aber das steht auf einem anderen Blatt, schwach auf der Brust war sie nicht, sie hatte Brüste, und zwar sehr schöne ockerfarbene, aber das gehört auch nicht hierher. Gott stand bis zu Seinem Hals in den tosenden Fluten, ein Lächeln von unglaublicher Schönheit auf Seinem Antlitz, Er schien an Seiner Schöpfung, der Katastrophe, Gefallen zu finden, die Fluten ringsum brausten jetzt lauter, sie brausten wie ein riesiger Sattelschlepper, der einem auf der Autobahn zu dicht auffährt.

Dann sang Mrs. Davis ein Lied von großer Hoffnung.

»Maude wartet auf dich«, sang Mrs. Davis, *»Maude wartet auf dich*

in all ihrem hohen Ernst und Glanz, und auf ihrem vergoldeten Zwiebelturm in der Stadt, die ich jetzt nicht beim Namen nennen kann, wartet Maude. Maude ist das, was dir fehlt, in tiefster Seele fehlt. All deine Sehnsucht, seit du Sehnsucht kennst, hat sich nach Maude gesehnt, nur wußtest du das nicht, bis ich, deine Herzensfreundin, dich darauf hinwies. Sie wird dein zerfahrenes und im Gesamteindruck unbefriedigendes Leben mit dem Balsam ihres Maudeseins heilen, du Oberglückspilz du, sie wartet nur auf dich. Ich will dir nur ein Beispiel von Maudes übermenschlichem Scharfsinn nennen. Maude gab den Werkzeugen ihre Namen. Maude war es, die den Einfall hatte, die Rattenschwanzfeile Rattenschwanzfeile zu nennen. Maude war es, die den Nippelhalter taufte. Maude gab der Raspel ihren Namen. Bedenke nur. Was könnte eine Raspel anderes sein als eine Raspel? Maude in ihrer Weisheit traf genau den Punkt und nannte sie die Raspel. *Maude war es, die dem Franzosen den Namen gab. Ebenso dem Beil, dem Keil, dem Dengelhammer, dem Dreul, dem Flansch, dem Pfriem, der Muffe. Der Beißzange, der Kneifzange, der Lochzange, der Kröpfzange gab Maude ihre Namen, sie vertiefte sich in jede Zange und erfaßte intuitiv ihre Besonderheit. Die Stechahle, die Schruppfeile, die Wurfkelle und der Spitzsenker – ich könnte ewig weitermachen. Die Werkzeuge kamen zu Maude, ein Werkzeug nach dem anderen, in langer ehrfürchtiger Reihe, und sie gab ihnen ihre Namen. Der Schraubstock. Der Kaltmeißel. Das Richtscheit. Der Fäustel, der Beitel, der Tasso. Das Lot. Wie kam sie nur auf die derbe Trefflichkeit dieser wundervollen Gattungsnamen? Die Punze einmal lässig mit dem Blick zu streifen und schon zu wissen, daß sie Punze heißt – welcher Ruhmesglanz bricht da hervor! Und dabei habe ich noch nicht einmal die Würfelanke, den Rohrbock oder den Bolzenschneider oder den Elferschlüssel oder die Spachtel oder die Sichel angeführt. Welch hochragende Leistung, den Werkzeugen Namen zu geben! Und das ist nur eine von Maudes Bereicherungen unseres Erdenlebens, es gibt noch andere. Wieviele Wonnen werden auf dich herunterprasseln«*, sang Mrs. Davis, *»Wonne über Wonne, wenn das Epithalamion von den hundert Leierkastenmännern, die Maude ständig im Gefolge führt, durchgeleiert wird, an diesem von ihr selbst benannten Tag der ersten Güterklasse, nach dem du dich dein ganzes mageres Leben lang so verzweifelt gesehnt hast, nur warst du dir darüber nicht im klaren, bis* *ich, deine Herzensfreundin, dich darauf hinwies. Und Maude ist jung, doch nicht zu jung«*, sang Mrs. Davis, *»sie ist auch nicht zu alt, sie paßt* genau, *sie wartet auf dich mit ihrem sonnengebräunten Körper und ihrem praktischen Verstand, und wenn Maude dich eines Nickens würdigt, beginnt für dich die Zukunft und die Vergangenheit.«*

Es gab eine Pause, wenn nicht einen toten Punkt.

»Ist es wahr, das Lied?« fragte ich.

»Es ist eine Metapher«, sagte Mrs. Davis, »ihm kommt eine metaphorische Wahrheit zu.«

»Und das Ende des mechanischen Zeitalters«, sagte ich, »ist das auch eine Metapher?«

»Das Ende des mechanischen Zeitalters«, sagte Mrs. Davis, »ist nach meinem Dafürhalten eine Gegebenheit, die danach drängt, zur Metapher zu werden. Man sollte ihm Glück wünschen, vielleicht. Es dazu anfeuern. Intellektuelle Disziplin gebietet, daß wir diesen verdammten Metaphern jede Chance geben, selbst wenn sie persönliches Wohlbefinden und Behaglichkeit verpönen. Wir haben die Pflicht, alles zu verstehen, ob wir wollen oder nicht – eine Pflicht, derer ich mich gerne entbräche, wenn ich könnte.« In diesem Augenblick sprang Wasser in das Boot und versenkte uns.

*

Bei der Hochzeit sprach Mrs. Davis freundlich mit mir.

»Tom«, sagte sie, »du bist nicht Ralph, aber du bist der einzige, der hier im Moment zu haben ist. Ich habe den ganzen Horizont mit einem einzigen Blick meines geübten Auges abgesucht, keine riesenhafte Gestalt ragt dort auf, und deswegen habe ich beschlossen, provisorisch dich zu heiraten, jetzt wo es Jake nicht mehr gibt und ein Zeitalter zu Ende geht. Es wird allerdings nur eine Zweckehe sein, und wenn Ralph kommt oder Maude nickt, dann platzt unsere Vereinbarung von selbst wie eine Seifenblase, denn mehr ist sie nicht. Du warst sehr freundlich und rücksichtsvoll, als wir im Baum auf dem Trockenen saßen, und ich wußte das zu schätzen. Das zählte viel. Natürlich sind Freundlichkeit und Rücksicht nicht gerade das, was die beiden großen Lieder, das Ralphlied und das Maudelied, verheißen. Sie sind nur ein schäbiger Ersatz für das finale Erlebnis. Ich weiß das, und du sollst es auch wissen. Ich will ehrlich mit dir sein. Das ist einer meiner bewundernswertesten Züge, ich bin immer zu allen ehrlich, vom süßen Anfang bis zum bitteren Ende. Jetzt gehe ich zum Herrenhaus zurück, damit meine Kammerzofen zur Brautbekleidung schreiten können.«

Es war kühl auf der Wiese am Fluß, die Mrs. Davis für ihre Komödie ausgesucht hatte, ich ging zu dem Baum hinüber, unter dem mein Freund Blackie stand, er war der Trauzeuge, gewissermaßen.

»Mich widert das an«, sagte Blackie, »diese Verlogenheit und leere Heuchelei, und ich bin extra den weiten Weg von Chicago gekommen.«

Gott kam zur Hochzeit und stand hinter einem Baum, nur ein Teil Seiner Luminiszenz ragte heraus, ich fragte mich, ob Er plante, diesem Behelfskonstrukt Seine Gnade zu erteilen oder nicht. Es ist schwer, sich vorzustellen, was Er sich gedacht hatte am Anfang, als Er alles plante, was jemals geschehen sollte, alles so vorzüglich bis ins kleinste Detail plante, wie etwa, was ich mir gerade in diesem Augenblick dachte, meine Gedanken über Seine Gedanken, als Er das Ende des mechanischen Zeitalters plante und das darauffolgende neue Zeitalter entwarf, und dann trat die Braut mit ihrer Schleppe aus dem Haus, ganz in Ocker und wunderschön.

»Gelobst du, Anne«, sagte der Pfarrer, »jedwede beiderseitig zufriedenstellenden Zugeständnisse zu machen, die notwendig sind, Spannungen abzubauen und jedwede im voraus vereinbarten Ziele anzustreben, die sich beide Parteien in gütlichem Einvernehmen bei den diesbezüglichen Vorgesprächen gesteckt haben?«

»Ich gelobe es«, sagte Mrs. Davis.

»Und gelobst du, Thomas, alle Meinungsverschiedenheiten gewissenhaft, mit Geduld und tiefer Aufrichtigkeit zu ergründen, keiner Möglichkeit zu fruchtbaren Diskussionen auszuweichen, stets nach einer Annäherung der Standpunkte zu trachten und in Konfliktsituationen den eigenen Vorteil hintanzustellen?«

»Ja«, sagte ich.

»Jetzt sind wir also verheiratet«, sagte Mrs. Davis, »wenn du nichts dagegen hast, werde ich meinen Namen behalten, ich bin schon immer Mrs. Davis gewesen, und dein Name klingt nicht eben begnadet, nimm's mir nicht übel, lieber Tom.«

»Okay«, sagte ich.

Dann nahmen wir die Gratulationen und Glückwünsche der Gäste entgegen, die zum größten Teil Angestellte des mexikanischen Restaurants waren, Raul war da und Consuelo, Pedro und Pepe drängelten sich mit ausgestreckten Armen zu uns durch, und Blackie drängelte sich mit ausgestreckten Armen zu uns durch, Gott stand hinter dem Party-Service-Buffet und schaute sich die Enchiladas und Chalupas an, das Chili con queso und das Hühnchen in Aspik, als ob Er nie zuvor dergleichen gesehen hätte, aber das war schwer zu glauben.

Ich redete Ihn an, wie es einem alle großen Weltreligionen mit wenigen Ausnahmen nahelegen, aus tiefster Seele, ich fing an mit »Oh Vater, Trostpflaster aller Armseligen, und so weiter, ich habe mich gerade gefragt, jetzt wo ein Zeitalter, das mechanische Zeitalter, zu Ende geht und, dem Vernehmen nach, ein neues Zeitalter beginnt, ich habe mich also gerade gefragt, ob Du mir nicht so etwas wie einen Hinweis geben könntest, kein Zeichen, ein Zeichen verlange ich nicht, nur einen winzigen Hinweis, ob das, was uns über Dein Wesen und unser Wesen erzählt worden ist, verzeih mir, ich weiß schon, was Du von Zweifeln hältst, beziehungsweise was Du den Erzählungen nach von Zweifeln hältst, aber wenn Du nur die leiseste Andeutung fallen lassen könntest, ob die Erzählungen authentisch sind oder bloß ein Haufen apokrypher Heterodoxie –«

Aber Er war schon weggegangen, ein irrsinnig schönes Lächeln auf Seinem strahlenden Antlitz, war weggegangen, um, wie ich annahm, die Zähler abzulesen und einen Überblick über den Wirkungsgrad der Gnade in dieser Gegend zu gewinnen, ich konnte es Ihm nicht übelnehmen, meine Frage war nicht besonders elegant gestellt, hätte ich sie mathematisch formulieren können, dann hätte Er vielleicht mehr Interesse gezeigt, aber ich konnte noch nie etwas mathematisch formulieren.

*

Nach der Eheschließung erklärte Mrs. Davis mir die Ehe.

Die Ehe, sagte sie, eine im mechanischen Zeitalter tiefverwurzelte Institution.

Gesetzlich begünstigte Paarungen wären lediglich Konkretisierungen der Gesetze der Mechanik, angeregt durch Verbindungen technischer Natur, wie etwa Nut und Feder, Holz und Holzschraube, Flugzeug und Uhu.

Beständigkeit oder Unbeständigkeit der Bindung eine Funktion von (1) Material und (2) Technik.

Zunehmende Alphabetisierung als Faktor, sagte ich.

Zunehmende Analphabetisierung ebenso.

Das Kernstück wird nicht halten, wenn es von einem Mechaniker punktgeschweißt wird, dessen tiefste Anteilnahme nicht der Schweißnaht, sondern seinem Lottoschein gilt.

Gott nur an Gnade interessiert – am summenden Gleichlauf der Dinge.

Kurzschluß, Langschluß, vorübergehendes Flackern der Hausbeleuchtung kein Zeichen Göttlichen Mißfallens, sondern von Göttlicher Gleichgültigkeit gegenüber Fortbildungsprogrammen für Führungskräfte auf mittlerer Managementebene.

Er geht selbst gern vor Ort, sagte sie. Mit Seiner Taschenlampe. Er gibt Sein Bestes.

Wir beide, sie und ich, keine Ausnahme von der übergreifenden Ebbe/Flut des Weltsaftes und den damit einhergehenden psychologischen Auswirkungen, sagte sie.

Licht und Schatten, sagte sie.

*

Nach dieser Erklärung kam die Scheidung.

»Hast du vor, die Scheidung anzufechten?« fragte ich Mrs. Davis.

»Ich glaube nicht«, sagte sie ruhig, »obwohl es einer von uns vielleicht sollte, spaßeshalber. Eine nicht angefochtene Scheidung widerspricht eigentlich, meinem Gefühl nach, dem Geist der Scheidung.«

»Das stimmt«, sagte ich, »dieser Gedanke ist mir auch schon des öfteren gekommen.«

Nach der Scheidung kam ein Junge zur Welt. Wir nannten ihn Ö.T.Vau Davis und schickten ihn in die Gegend von Rußland, wo die Leute hundertzehn Jahre alt werden. Wahrscheinlich lebt er heute noch dort und nimmt täglich zu an Weisheit und Schönheit.

Dann gaben wir uns die Hand, Mrs. Davis und ich, und wir brachen auf, sie ralphwärts und ich maudewärts, der letzte Hoffnungsschimmer war noch nicht erloschen, die Angst vor dem toten Punkt hatte noch nicht gesiegt, Notstromaggregate ließen den Gnadenfluß für keins der Geschöpfe Gottes versiegen, am Ende des mechanischen Zeitalters.

Das Genie

Seine Assistenten scharen sich um ihn. Er ist streng mit ihnen, anspruchsvoll und pedantisch, aber das dient letztendlich zu ihrem eigenen Besten. Er konstruiert grauenhaft schwierige Probleme oder kompliziert ihre Arbeit mit überraschend verqueren Kommentaren, die völlig neue Forschungsbereiche eröffnen – gähnende Abgründe zu ihren Füßen. Es ist, als wollte er sie in Situationen bringen, in denen das Scheitern vorprogrammiert ist. Aber Scheitern gehört eben auch zum geistigen Leben. »Ich werde euch das Scheitern abgewöhnen«, sagt er im Scherz. Seine Assistenten erblassen.

*

Stimmt der Satz von Valéry, daß in jedem Genie ein falsches Genie steckt?

*

›Wir leben in einem Zeitalter individueller Unwissenheit. Keiner weiß, was die anderen wissen. Keiner weiß genug.‹

*

Das Genie hat Angst vor dem Fliegen. Die riesigen Maschinen erscheinen ihm zu … *windig*. Er haßt den Start und er haßt die Landung und er verabscheut es, in der Luft zu sein. Er haßt das Essen, die Stewardessen, die Stimme des Kapitäns und seine Mitreisenden, insbesondere diejenigen, die sich sichtlich wohl fühlen, ihre Jacken ausziehen, die Krawatten lockern und mit Drinks in der Hand im Mittelgang auf und ab gehen. Folglich verreist er selten. Die Welt kommt zu ihm.

*

Q.: Was halten Sie für das wichtigste Werkzeug des Genies von heute?
R.: Alleskleber.

*

Er hat nachdrücklich gefordert, Amerika in vier kleinere Staaten aufzuteilen. Amerika, sagt er, ist zu groß. »Amerika paßt nicht auf, wo es hintrampelt«, sagt er. Dieser Kommentar, der aus dem Munde eines anderen weithin Entrüstung hervorgerufen hätte, wird mit einem amüsierten Kichern aufgenommen. Die Industrie- und Handelskammer schickt ihm vier Kisten Teachers Highland Cream.

*

Das Genie definiert den Begriff ›unangemessene Reaktion‹: »Stellen Sie sich vor, mein Freund ruft mich an und fragt, ›ist meine Frau da?‹ – ›Nein‹, antworte ich, ›sie ist mit meiner Frau ausgegangen, beide haben neue Hüte auf und geben sich einer Schiffsmannschaft hin.‹ Mein Freund ist erstaunt über diese Information. ›Aber es ist Wahltag‹, ruft er. ›Und es fängt an zu regnen!‹, sage ich.«

*

Das Genie schenkt Arbeiten aus fremden Forschungsbereichen besondere Aufmerksamkeit. Er ist in allen anderen Wissenschaften sehr belesen (mit Ausnahme der Sozialwissenschaften): Er betrachtet Kunst mit der Feinsinnigkeit des Kenners; er ist ein vollendeter Amateurmusiker. Er joggt. Er mag Schach nicht. Es gibt ein Foto von ihm, wie er mit Marx Brothers Tennis spielt.

Er hat einen beträchtlichen Teil seiner geistigen Energie dem Versuch gewidmet, den Ursprung seiner Genialität zu erforschen. Dieser Versuch hat jedoch zu fast nichts geführt. Das Geheimnis bleibt ein Geheimnis. Er hat sich deshalb für folgende Formel entschieden, die er jedesmal wiederholt, wenn man ihn interviewt: »Historische Kräfte.«

*

Die Regierung hat beschlossen, dem Genie ein paar neue Medaillen zu verleihen – Medaillen, die ihm bisher noch nicht verliehen worden sind. Eine Medaille für seine Arbeit vor 1936, eine für seine Arbeit von 1936 bis heute und eine für seine künftige Arbeit.

*

»Ich glaube, diese Sache, meine Arbeit, hat mich in gewissem Sinne zu dem gemacht, was ich bin. Die Arbeit besitzt ein eigenes Bewußtsein, von dem das des geistigen Arbeiters geprägt wird. Die Arbeit schmeichelt dem geistigen Arbeiter. Nur der stärkste geistige Arbeiter ist dieser Arbeit gewachsen, sagt die Arbeit. Du mußt ein toller Hecht sein, daß du diese Arbeit leisten kannst. Aber auch Überdruß kann sich einstellen. Der geistige Arbeiter wird nachlässig. Der geistige Arbeiter schenkt der Arbeit wenig Beachtung, ignoriert sie, liebäugelt mit anderer Arbeit, er wird seiner Arbeit *untreu*. Die Arbeit ist beleidigt. Und vielleicht zeigt sie das dem geistigen Arbeiter auf Umwegen auch ... Die Arbeit entgleitet den Händen des geistigen Arbeiters – ein kleiner Schnitt in den Finger. Verstehen Sie? Die Arbeit wird träge, schmollt, braucht mehr Zeit, zehrt an den Kräften. Die Heiterkeit, die einmal zwischen dem geistigen Arbeiter und der Arbeit bestand, hat sich verflüchtigt. Eine schöne Bescherung! Finden Sie nicht?«

*

Das Genie weiß, daß es ein gestörtes Verhältnis im Umgang mit Kindern hat. (Anekdote)

*

Das reiche Seelenleben des Genies:

(1) manisch-ozeanische Gefühle
(2) Kinderhaß
(3) Klavierspielen
(4) durchtrennte Samenleiter
(5) Abonnement von ›Harper's Bazar‹
(6) Briefmarkensammlung

*

Das Genie erhält einen sehr schmeichelhaften Brief von der Universität Minnesota. Die Universität möchte gerne ein Archiv für seine Schriften einrichten, nach seinem Tod. Ein neuer Bibliotheksflügel soll dafür gebaut werden.

Das Genie ist wütend über den Brief. Er nimmt eine Schere, schneidet den Brief in lange, schmale Streifen und schickt ihn an den Bibliotheksdirektor zurück.

*

Er macht lange Spaziergänge durch die Straßen der Stadt und achtet dabei auf architektonische Details – insbesondere auf altes Schmiedeeisen. Ihm schwirrt der Kopf vor Ideen für neue –. Aber in diesem Moment kommt ein Polizist auf ihn zu. »Entschuldigen Sie, sind Sie nicht –«, »Ja«, sagt das Genie lächelnd. »Mein kleiner Sohn ist ein Bewunderer von Ihnen«, sagt der Polizist. Er zieht ein Notizbuch aus der Tasche. »Wenn es Ihnen nichts ausmacht ...« Lächelnd gibt das Genie ein Autogramm.

Das Genie trägt seine wichtigsten Schriften in einem grünen Sears-&-Roebuck-Werkzeugkoffer mit sich herum.

*

Er hat den Nobelpreis heuer schon wieder nicht bekommen. Es war dieses Jahr weder sein Land noch seine Fachrichtung an der Reihe. Das nationale Stiftungswerk schenkt ihm zum Trost ein neues Haus.

*

Das Genie trifft sich mit einer Gruppe von Studenten. Die Studenten sagen ihm, daß der Geniebegriff augenblicklich nicht populär ist. Gruppenarbeit, sagen sie, ist gesellschaftlich produktiver als die isolierte Arbeit des einzelnen, gleichgültig wie hochbegabt. Naturgemäß setzt sich das Genie über die Bedürfnisse der Mehrheit hinweg. Weil es seinem Absolutheitsanspruch folgt, tendiert das Genie zu, ergreift sogar Partei für totalitäre Formen gesellschaftlicher Organisation. Die Tyrannei des Begabten über die Gruppe bringt auf kurze Sicht einige Fortschritte, schafft aber unvermeidlich eine Reihe von Bedingungen, die –

Das Genie zieht nachdenklich an der Zigarette.

*

Aus einem riesigen braunen Möbelwagen ergießt sich das vollständige Werk von Beda dem Ehrwürdigen in allen Sprachen über den Rasen des Genies – ein Geschenk der Bürgerschaft Cincinnatis.

*

Das Genie blättert in einer Illustrierten. Da sticht ihm eine Anzeige ins Auge.

MACHEN AUCH SIE
INNENAUSSTATTUNG
ZU IHREM BERUF!

Innenausstattung garantiert Höchstbezahlung, verspricht die Anzeige. Die Arbeit ist vielseitig und interessant. Sie verschafft Ihnen Zugang zur Welt der Mode, der Kreativität und stellt Sie täglich vor neue Herausforderungen.

Das Genie reißt den Anzeigencoupon heraus.

*

Q.: Ist man als Genie in Amerika gut aufgehoben?
R.: Nach meiner Erfahrung zeigt sich Amerika Genies gegenüber sehr gastfreundlich.

*

»Ich sage mir immer: ›Was ist wohl das wichtigste, worüber ich im Augenblick nachdenken könnte?‹ Aber dann denke ich nicht darüber nach!«

*

Sein Führerschein läuft ab. Aber er unternimmt nichts, um ihn zu verlängern. Der Gedanke an den abgelaufenen Führerschein beunruhigt ihn ein wenig (obwohl er weiter Auto fährt). Er findet die Vorstellung abscheulich, die Prüfung wiederholen, leibhaftig bei der Prüfstelle antreten und in einer Schlange auf einen Prüfer warten zu müssen. Er kommt zu dem Schluß, daß ihm die Führerscheinbehörde auf einen schriftlichen Antrag für einen neuen Führerschein diesen ohne Prüfung ausstellen wird, weil er ein Genie ist. Er hat recht. Er schreibt den Brief, und die Führerscheinbehörde schickt ihm postwendend einen neuen Führerschein.

*

In seiner Souveränität als Genie zieht er aus, Falsches in die richtigen Bahnen zu lenken – zum Beispiel die städtische Kanalisation.

*

Das Genie liest ›Das Genie‹, einen 736 Seiten langen Roman von Theodore Dreiser. Er kommt zur letzten Seite:
›... welch süße Wirrsal ist doch das Leben – wie reich, wie zart, wie schrecklich, wie sehr gleicht es einer farbenprächtigen Symphonie.
Großartige Kunstvisionen stiegen in ihm auf, während er hineinblickte in die funkelnden Tiefen des Alls ...‹
Das Genie steht auf und schaut sich im Spiegel an.

*

Eine Institution wird ins Leben gerufen, um seine Ideen zu würdigen: die Blaufox Society. Versammlungen werden einmal im Monat abgehalten, in einem Raum über einer Cafeteria in Buffalo, New York. Er hat sich immer geweigert, sich mit dieser Gesellschaft einzulassen, die ihn unangenehm an die Browning Society erinnert. Dennoch kann er es sich nicht verkneifen, einen Blick in die halbjährlich herausgegebenen *Jahresberichte* zu werfen, die Sätze enthalten wie ›Die Durchdringung aller Bereiche der akademischen Gemeinde mit den Blaufoxschen Prinzipien ist ab ovo unser ...‹

Er bekommt einen Lachkrampf.

*

Augenblicke des Selbstzweifels ...

›Bin ich wirklich ein –‹

›Was *bedeutet* es, ein –‹

›Kann man sich *weigern,* ein –‹

*

Sein schlimmster Moment: Er ist in einer Kirche und kniet in einer der hinteren Bänke. Allmählich wird er auf eine Reihe Nonnen aufmerksam – ein halbes Dutzend –, die sechs Meter vor ihm knien, die Köpfe über den Rosenkranz gebeugt. Eine der Nonnen hat den Kopf fast ganz herumgedreht und scheint ihn anzustarren. Das Genie schaut sie an, schaut weg, schaut wieder hin. Sie starrt ihn immer noch an. Das Genie ist in erster Linie in die Kirche gegangen, weil das Mittelschiff ein besonders schönes Beispiel burgundischer Gotik sein soll. Er läßt seine Blicke hierhin und dorthin schweifen, zum Altar, zu den farbigen Glasfenstern, doch jedesmal wenn sie zu den Nonnen zurückkehren, starrt *seine* Nonne ihn immer noch an. Das Genie sagt sich: *Das ist mein schlimmster Moment.*

*

Er säuft.

*

»Ein wirklich tragfähiges abstraktes System vermeidet Geschlossenheit, widersetzt sich ihr. Die ausgefransten, verschwommenen Umrisse eines solchen Systems gleichen einem Netz, in das Fische große, klaffende Löcher gefressen haben, und erlauben das Eindringen und Entkommen gleichermaßen. Was fängt man in so einem Netz? Das Seepferdchen mit einem Monet im Maul. Wie kommt der Monet dort hinein? Hat der Monet an Wert verloren, weil er naß geworden ist? Sind Zahnabdrücke auf dem Monet? Haben Seepferdchen Zähne? Wie groß ist der Monet? Aus welcher Periode? Mit einer oder mehreren Seerosen? Fressen Seepferdchen Seerosen? Weiß Parke-Bernet Bescheid? Mischt sich Öl mit Wasser? Schadet eine

Mischung aus Öl und Wasser der Verdauung des Seepferdchens? Sollte Kunst teuer sein? Sollten Künstler Bärte tragen? Sollten Bärte gesetzlich verboten werden? Was bedeutet der Ausdruck ›Nobelfetzen‹? Bezieht er sich auf Monets Malerkluft? Wie hoch ist die durchschnittliche Monatsmiete für ein geräumiges Atelier mit Nordfenster in einem unattraktiven Viertel im Paris von 1878? Wenn Seepferdchen Seerosen fressen, wieviel Prozent ihres Tagesbedarfs an Energie, ausgedrückt in Erg, werden dabei gewonnen? Sollte man die Löcher im Netz flicken? Bei einem Kampf zwischen einem Seepferdchen und einer Fledermaus, auf wen würden Sie setzen? Werden Sie mir verzeihen, wenn ich das Netz flicke? Kauen Wasserratten auf den Wasserrosen herum? Gibt es Wasserbüffel im Wasserkühler? Wenn ich meine Wasserpistole mit Wasser aufgefüllt habe, kann ich dann zum Wassertreten gehen? Ist Fantasie ein ausreichender Ersatz für anständiges Benehmen?‹

*

Das Genie schlägt eine weltweite Genie-Bestandsaufnahme vor, mit dem Ziel, die Anstrengungen der Genies zu straffen und zu koordinieren, um der Menschheit zu einem besseren Leben zu verhelfen.

Briefe werden verschickt …

Die Reaktion ist überwältigend!

Eine Flut von Telegrammen …

Genies jeder Couleur bieten ihre Mitarbeit an.

Die ›Times‹ bringt einen Leitartikel, der die Idee würdigt …

Das Genie bekommt schlechte Laune und spricht acht Tage lang mit niemandem mehr.

*

Aber dann wird ein grüner Expreßgutcontainer vor seiner Haustür abgestellt. Er enthält ein Feld rostfreier Tulpen mit freundlicher Empfehlung des Bürgermeisters und des Stadtrats von Houston, Texas. Das Genie bestätigt den Empfang und lächelt.

Daumier

WIR ALLE HABEN
BILLY THE KID
MISSVERSTANDEN

Ich sprach mit Amelia.

»Nicht Selbsttötung im groben Sinn. Eher die Herstellung von Surrogaten. Stell es dir wie eine Art Verpflanzung vor.«

»Daumier«, sagte sie, »das gefällt mir aber gar nicht.«

»Die falschen Selbste mit ihrem Geplapper und Gelärme und jugendlichen Überschwang werden es abmurksen und piesacken und hinausschubsen und auf jede erdenkliche Weise schikanieren, dieses ursprüngliche, echte Selbst, das nämlich ein ganz abgefeimter Schurke ist, wie jeder bezeugen und beschwören kann, der jemals bei Sinnen war.«

»Das Selbst tanzt aber auch«, sagte sie, »manchmal.«

»Ja«, sagte ich, »das ist mir auch schon aufgefallen, aber die gelegentliche Polka dazwischen kommt einen teuer zu stehen. Und jetzt der springende Punkt: das Selbst ist unersättlich. Immer und ewig lechzt es nach etwas. Es ist, wenn man so will, raffgierig bis zum Exzeß. Sein Höllenschlund läßt sich durch nichts auf dieser Welt je stopfen. Ich brauche nur die Namen von Alexander, Richelieu, Messalina und Billy the Kid anzuführen.«

»Du hast Billy the Kid mißverstanden«, murmelte sie.

»Wohingegen das Surrogat, das Kunstprodukt, im Prinzip ersättlich ist. Wir haben es auf Ersättlichkeit hin ausgelegt.«

»Hast du etwas Praktisches unternommen?« fragte sie. »Oder wieder nur das Übliche?«

»Ich habe schon eins im Einsatz«, sagte ich, »einen Daumier, auf den Ebenen und Prairien des Bewußtseins, und er macht sich sehr gut, glaub mir das. Er hat es zu einer hohen Stellung in einem großen Unternehmen gebracht. Ich bekomme regelmäßig Berichte.«

»Was ist er für ein Kerl?«

»Ein treuer, braver Kerl«, sagte ich, »der seine Grenzen kennt. Er schlägt nicht über die Stränge. Wir haben seine Begierde auf ein Minimum herabgesetzt. Der Rest hält ihn grade noch in Gang. Geliebt und geachtet von jedermann.«

»Quark«, sagte sie. »Quatsch mit Soße.«

»Du willst bestimmt auch einen haben«, sagte ich, »wenn du sie erst einmal kennst.«

»Wir alle haben Billy the Kid mißverstanden«, sagte sie und ging.

Ein langer Satz
in dem sich das
Wunder der Surrogatbildung
vor ihren Augen
vollzieht

Jetzt vor seinem geistigen Auge, das dienstbereit zu jeder Stunde offenstand, auch zur Zeit des Schlafs und Traums, und das vom Blau des Bettzeugs war und das funkelte und mit winzgen Spuren von Blut gezeichnet war zu jeder Stunde und bedeckt war zu jeder Stunde von einem Monokel erster Güte, das seinerseits an langen dünnen schwarzen fließenden Bändern um seinen geistigen Hals hing, jetzt erblickte Daumier vor diesem nützlichen Auge ein Geschehen.

Mr. Bellows,
Mr. Hawkins,
der Handel,
Currywurst

Zwei Männer in Cowboymontur standen auf einer Ebene, ihrer Haltung nach gute Bekannte oder Kollegen. Die Ebene wies im Vordergrund eine massige gelbe, längliche Salzlecke auf, die durch die Zuwendung von Schafen oder anderen salzliebenden Tieren im Lauf der Zeit in eine Skulptur verwandelt worden war. Zwei Pferde in der oberen linken Ecke des Geschehens beobachteten die zwei Männer mit ihrem nervösen Pferdeblick.

Mr. Bellows sprach zu seinem Pferd.

»Bleib stehen, Pferd.«

Mr. Hawkins setzte sich auf die Salzlecke und stopfte sich eine kurze Messingpfeife orientalischer Machart.

»Sind sie jetzt ruhig?«

»Ruhig wie das Grab«, sagte Mr. Bellows. »Aber wie wir für Ruhe sorgen sollen, wenn das Gras ausgeht, weiß ich nicht.«

»Das dauert noch 'ne Weile.«

»Und Daumier?«

»Checkt die Route.«

»Er hat zugegeben seine Probleme.«

»Selbstfabriziert, meiner Meinung nach.«

Mr. Hawkins nahm einen tiefen Zug aus seiner Stummelpfeife.

»Die Herde«, sagte er.

»Und die Königin.«

»Und das Halsband.«

»Und der Kardinal.«

»Immer die alte Geschichte«, stellte Mr. Hawkins fest. »Ein Wort von der Königin, und weg ist er, fetzt durch die Gegend, und das Geschäft kann solang zum Teufel gehen.«

»Es soll ja noch Leute geben, die kümmern sich ums Geschäft«, sagte Mr. Bellows. »Aber mancher lernt's nie.«

»Wo seine Familie seit drei Generationen im Handel ist«, fügte Mr. Hawkins hinzu. Und einen Augenblick darauf: »Schöne blaue Blumen da vorhin. Haben Sie wahrscheinlich gar nicht bemerkt.«

»Doch«, sagte Mr. Bellows. »Ich habe sogar einen Strauß gepflückt.«

»Ach wirklich? Wo sind sie denn?«

»Hab sie jemand geschenkt«, sagte Mr. Bellows.

»Jemand? Was für'n jemand?«

Schweigen.

»Sie sind mit den Vorschriften vertraut, soweit ich weiß«, sagte Mr. Hawkins.

»Nichts in den Vorschriften, was das Überreichen von Kornblumen festlegt, soweit ich weiß«, antwortete Mr. Bellows.

»Ach Kornblumen waren das? Na, das ist ja reizend. Das ist ja ganz reizend.«

»Kornblumen oder überhaupt Blumen jeglicher Art werden in den Vorschriften nicht erwähnt.«

»Wir haben uns verpflichtet, hier diesen Transport –«

»Ich habe in den Transport nicht eingegriffen.«

»Wir haben uns verpflichtet, hier diese Herde Au-pair-Mädchen unversehrt an Leib und Seele an der Verladestation abzuliefern«, stellte Mr. Hawkins fest. »Und ich behaupte, daß das Überreichen von Kornblumen für ein Mädchen einen seelischen Eingriff darstellt und sonst gar nichts.«

»Sie war ziemlich runter.«

»Nicht Ihr Bier. Nicht Ihr Bier.«

Mr. Bellows wechselte geschickt das Thema.

»Ob Daumier bis zur Abfütterung zurück ist?«

»Was kriegen wir denn?«

»Currywurst.«

»Dann ist er bestimmt zurück. Daumier liebt seine Currywurst.

Résumé der Intrigue oder Handlung

Ignatius Loyola XVIII. hat gelobt, an der Spitze eines Trupps berittener fanatischer Jesuiten die Herde einzufangen und die Mädchen von der sogenannten Fron des Handels zu befreien, in dem Daumier, Mr. Hawkins und Mr. Bellows als altbewährte Führungskräfte tätig sind. Daumier wird unterdessen von seinen geschäftlichen Aufgaben abgelenkt durch eine Bedrohung der Königin, die Sache mit dem Halsband (siehe Dumas, ›Das Halsband der Königin‹, S. 76-105).

Beschreibung des Nachmittags drei Uhr

Ich trat aus Amelias Tür und tauchte ein in den Oktobertag. Der Nachmittag starb dahin und wich dem Dunkel der Nacht, doch wärmte ein gewisser Rest von Sonnenglanz noch die kunstvoll gefügten Steine des Straßenpflasters. Viele Bürger der Stadt, männlich wie weiblich, eilten zu wichtigen Besorgungen hierhin und dahin, ›lebhaft bewegt‹, so daß jeder Schritt den Schimmer des grauen, sorgfältig geglätteten Gehsteigs ein wenig in Mitleidenschaft zog. Unreife Bürger in verschiedenen Formaten drängten sich vor einem großen, fabrikähnlichen Komplex, wo hochentwickelte Techniken sie in aufrechte und gesetzestreue Mitglieder der drei Gesellschaftsklassen verwandelten: der Unter-, Mittel- und oberen Mittelschicht. Eine Anzahl davon waren in zirzensischem Wettstreit mit Basketbällen begriffen, indem sie dieselben gegen vorbeirollende Fahrzeuge schmetterten und in unvorhersehbaren Winkeln zurückprallen ließen. In das Drunter und Drüber der Kinder verstreut waren deren Hüter mit ihrem Geschrei. Auch die sonstigen Ansässigen des Stadtviertels hatten sich in das Getümmel gemischt – Ladenbesitzer, Privatiers, Rabauken, Verkäufer heimtückischer Drogen, Schnapsbrüder, Omas, Mädchen, deren Jeans im Einschnitt ihrer Hinterbacken mit aufgenähten Rosenblüten verschönt waren, Angehörige der Priestermafia, und dergleichen mehr. Zwei Wachtmeister der Strandpolizei verdroschen mit langen, ansehnlichen, formschönen Gummiknüppeln einen schwachsinnigen Rettungsschwimmer, in der Annahme, er falle unter ihre Zuständigkeit. Ein Mann beschimpfte mit volltönenden Flüchen ein kleines Auto italienischer Herkunft, das sich mit seiner Stoßstange in eine andere verhakt hatte, so daß beide sich wie schamlose Liebende im Liebesakt ineinander verschlangen. Ein Mann aus der Biomafia stand auf der Ladefläche seines Pritschenwagens und pries Tomaten an, strotzend vor schierem Fleisch und knisternd vor Nährsalzen. Einige Vertreter des Irrenstandes erfüllten die Luft mit dem Wohllaut ihres Flehens und Seufzens und dem zarten Klang gerauften Haars.

Gedanke

Amelia ist skeptisch, dachte ich.

Liste beigezogenen Forschungsmaterials

Mein Plan zu Selbstverpflanzungen wurde nicht ohne Beihilfe eines gewissen Forschungsaufwands erstellt. Ich ging die übrigens höchst umfangreiche Literatur dazu durch, von der mir die folgenden Werke als besonders wertvoll haften geblieben sind: ›Das Selbst. Eine Einführung‹ von Meyers, ›Selbstmißbrauch‹ von Samuels, ›Das gewappnete Selbst‹ von Crawlie, Burts ›Der Selbstbegriff‹, ›Das Selbstlob‹ von McFee, Fingarettes ›Selbsttäuschungen‹, ›Selbstverteidigung für Frauen und junge Mädchen‹ von Birch, Wintermans ›Selbstzweifel‹, ›Das gelöschte Selbst‹ von Lilly, ›Selbsthaß bei Ungeziefer‹ von Skinner, LeBetts ›Selbstsucht‹, Gordons ›Selbstliebe‹, ›Das prismatische Selbst‹ von Winsor und Newton, Paramanandas ›Selbstüberwindung‹, ›Das Selbst im Abseits‹ von Richards, ›Garstigkeit‹ von Bertini, ›Das Selbst rüstet sich‹ von Teller, Flaxmans ›Das Selbst als Ausrede‹, Hickels ›Fahrzeuge mit Selbstantrieb‹, Sørensens ›Selbsttötung‹, ›Selbst und Sozialwesen in der Philosophie der Ming-Zeit‹ von DeBary, ›Das verwahrloste Selbst‹ von Clute, ›Methodenlehre der Selbstratifizierung‹ von Wright. Diese Arbeiten bestärkten mich in meiner Überzeugung, daß das Selbst ein abgefeimter Schurke ist, ein Störenfried des Schlafs, ein Vermurkser des Wachseins, eine intersubjektive Gräßlichkeit, ein Maul, ein Rachen. Die Verpflanzung von neutralem oder teilresistentem Material in die Schlundhöhle war in meinen Augen die einzige vertretbare Lösung.

Neutrales oder teilresistentes Material überquert einen Fluss

Ein Mädchen erschien mit einer Feldflasche in der Hand.

»Gibt es hier irgendwo Wein, s'il vous plaît?«

»Immer diese Ansprüche«, sagte Mr. Hawkins. »Sie häufen sich.«

»Manchen geht es nicht ein, daß sie zu einer Herde gehören«, sagte Mr. Bellows.

Das Mädchen wandte sich an Daumier.

»Haben Sie die Absicht, uns alle in diese Schmutzbrühe zu stekken?« fragte sie und zeigte auf den Fluß. »Mitsamt unseren Kleidern und etwa auch unserem Handgepäck?«

»Es gibt eine Furt«, sagte Daumier. »Das Wasser ist dort nur knietief.«

»Und am anderen Ufer Heckenschützen? Das ist ja fabelhaft. *Très intelligent.*«

»Wie heißen Sie, Miss?«

»Celeste«, sagte das Mädchen. »Vermutlich sind Vipern im Wasser? Giftnattern?«

»Vermutlich«, sagte Daumier. »Aber die tun Ihnen nichts. Wenn Sie eine sehen, machen Sie einfach einen Bogen drum herum.«

»Ich selbst bleibe hier, besten Dank. Die anderen Mädchen werden auch hierbleiben, glaube ich.«

»Celeste, Sie verraten Ihnen doch nichts von den Giftnattern im Wasser, oder?«

»Es ist nicht nötig. Sie haben selber Augen im Kopf.« Sie schwieg einen Moment. »Vermutlich haben Sie einen sehr intelligenten Plan, die Heckenschützen zu umgehen?«

Hübsch ist sie nicht, dachte Daumier. Aber gute Figur.

»Mein Papa ist Anwalt«, sagte sie. »*Un avocat.*«

»Und?«

»Im Vertrag steht kein Wort über das Durchwaten von Wasserfluten, gefüllt mit Vipern und Katzenfisch.«

»Das Problem ist nicht das Wasser, sondern die Jesuiten am anderen Ufer«, sagte Daumier.

»Der edle Loyola. Unser geistiger Erwecker.«

»Wollen Sie das nächste Jahr im Kloster zubringen? Mit einem langen Gewand bis auf die Füße und der *Legenda Aurea* in der Hand und keiner einzigen Currywurst in Ihrem Werdegang?«

»Er steckt uns ins Kloster?«

»Ja.«

»Wirklich! Das wußte ich nicht.«

»Daumier«, sagte Mr. Hawkins, »Sie sind doch *très intelligent.* Was haben Sie für einen Plan?«

»Wir könnten ein paar der Mädchen zum Baden schicken.«

»Wozu?«

»Und während der Feind von der strahlenden Schönheit unserer badenden Mädchen geblendet dasteht, treiben wir die übrigen unten an der anderen Furt ans jenseitige Ufer.«

»Ah, Sie meinen zum Baden, hm –«

»Richtig.«

»Ob Sie sie dazu überreden können?«

»Ich weiß nicht.« Er wandte sich an Celeste. »Was meinen Sie?«

»Im Vertrag steht nichts von einem Wasserballett. Aber andererseits, das Kloster ...«

»Eben«, sagte Daumier.

Bald darauf gingen sieben Mädchen in Handtücher gehüllt aufs Wasser zu.

»Sie und Mr. Bellows treiben die Herde dort unten hinüber. Ich passe auf die hier auf«, sagte Daumier zu Mr. Hawkins.

»Ach, Sie passen auf die hier auf«, sagte Mr. Hawkins. »Das ist ja reizend. Wirklich sehr reizend. Ganz besonders reizend finde ich das.«

»Mr. Hawkins«, sagte Daumier.

Dann schaute Daumier Celeste an und sah, daß sie Beine hatte, so lang und schmal wie seine Hoffnung auf die ewige Seligkeit und Hüften so stark und wohlgestalt wie ein Baßschlüssel und Hinterbacken so bezaubernd wie ein Bild und eine Taille so zierlich nach innen gebogen wie die einer Fiedel und Schultern so verrucht wie ein Notzuchtsverbrechen und Haare so lang und schwarz wie die Fastenzeit, und er sank in Ohnmacht.

Als er zu sich kam, war Mr. Hawkins damit beschäftigt, ihn am Gürtel vom Boden hochzuheben und wieder fallen zu lassen, abwechselnd.

»Eine Ohnmacht wahrscheinlich«, sagte Mr. Hawkins. »Er hat schon immer zu Ohnmachten geneigt.«

Die Mädchen drängten sich um ihn, wieder vollständig bekleidet, und kämmten sich die nassen Haare.

»Geohnmachtet sieht er höchst charmant aus«, sagte Celeste. »Den Adlerblick schätze ich weniger.«

»Und sein Vater und Großvater selig«, sagte Mr. Hawkins, »hatten auch schon diese Neigung zu Ohnmachten. Der Großvater besonders. Körperliche Schönheit war, was ihn auf die Bretter warf. Manche haben ihn beim bloßen Aufblitzen einer Kniescheibe straucheln sehen.«

»Ist die Herde glücklich drüben?« fragte Daumier.

»Bis zum letzten Stück«, sagte Mr. Hawkins. »Mr. Bellows teilt wahrscheinlich schon die Fernseh-Snacks an sie aus.«

»Wir haben uns geschickt dargeboten, glaube ich«, sagte Celeste. »Haben Sie es gesehen?«

»Ein wenig«, sagte Daumier. »Waten wir hinüber zu den anderen.«

Sie überquerten den Fluß und kletterten über eine Hügelkette und liefen durch eine Strecke Buschland und vorbei an einer eingefallenen verlassenen Farm ohne Dach und durch ein Erbsenfeld, um das sich so lange niemand mehr gekümmert hatte, daß die Erbsen in den Schoten so groß wie Adamsäpfel geworden waren. Hinter dem Erbsenfeld fanden sie Mr. Bellows, an Beinen, Bauch und Hals mit einer großen Anzahl von dicken Seilen an einen Baum gefesselt, den Mund vollgestopft mit den herausgerissenen Seiten eines Breviers. Von der Herde nirgends eine Spur.

Zwei Whiskey und ein Freund

»Dein Problem liegt darin«, sagte Gibbon, »daß du ein Versager bist.«

»Ich arbeite an einer psychologischen Illusionstechnik, die unter Umständen eine einträgliche kommerzielle Verwertung zuläßt«, sagte ich. »Es tun sich neue Perspektiven auf.«

»Pah!« sagte er.

»Pah?«

»Dein Problem liegt darin, daß du ein Schwachkopf bist«, sagte Gibbon. »Was dir fehlt, ist ein Mangel an Selbstwertgefühl. Mangelndes Selbstwertgefühl ist der Motor, der den Leistungsbären zu seiner Bärenleistung antreibt, die wir an ihm so sehr achten und verehren.«

»Den habe ich«, sagte ich. »Einen tiefen und stetigen Mangel an Selbstwertgefühl. Kaum zu schlagen.«

»Es lag an deinen Eltern, nehme ich an«, sagte Gibbon. »Sie werden zu liebevoll mit dir umgegangen sein. Die der Orientierungshilfe verschriebene Familie hat vor allem auf die Beschneidung des erwachenden Selbstwertgefühls zu achten. Das wird oft schlampig gehandhabt. Die Verantwortung dafür wird nur lasch übernommen, und das Ergebnis ist ein Kind ohne ausgeprägten Mangel an Selbstwertgefühl, dem also der Antrieb fehlt, die eigene Selbsteinschätzung zu widerlegen, was wiederum nur gelingen kann durch eine hervorstechende und überragende Leistung oberhalb und jenseits jeden vernünftigen Anspruchs.«

Ich dachte: Sein Quark ist besser als mein Quark.

»Was mich angeht«, sagte Gibbon, »so ist mein Selbstwertgefühl auch etwas überbelichtet. Daran war Papa schuld. Er wandte keine Ironie an. Das Kommunikationsangebot der Eltern an das Kind setzt sich, wie du weißt, zusammen aus zwölf Prozent Tu-dies, zweiundachtzig Prozent Laß-das und zu sechs Prozent aus Knuddelei und Koseworten. Das ist die Norm. Damit nun er oder sie vor Langeweile nicht umkommt, belebt der betreffende Elternteil seine Mahnreden mit Humor, gewöhnlich Ironie der billigeren Sorte. Durch die Ironie wird die Nachricht doppeldeutig und, weit wichtiger noch, verankert im Kind das Gefühl des eigenen Unwerts. Das Kind sieht nämlich ein, daß an jemand, mit dem so gesprochen wird, nicht viel dran sein kann. Zehn Jahre davon schaffen einen guten Rückhalt. Fünfzehn sind sicherer. Darüber ist Papps gestolpert: seine Meidung der Ironie. Hast du Geld bei dir?«

»Es müßte reichen.«

»Dann nehme ich noch einen. Welche Art Blödsinn hast du da vor, mit dem Surrogat?«

»Ich habe mir jemand zusammengebastelt, der mein Selbst stellvertritt. Ich denke mehr über ihn als über mich nach.«

»Dein Problem liegt darin, daß du einfältig bist. Deswegen bist du auch aus dem Forschungsinstitut geflogen.«

»Ich habe dort sehr wohl nachgedacht, aber über das Falsche.«

»Funktioniert sie? Die Verpflanzerei?«

»Mir ist seit sieben Tagen kein einziger Gedanke mehr an mich selbst gekommen.«

»Wenn du mich fragst«, sagte Gibbon, »meine persönliche Antwort heißt Krishna-Sozialismus.«

Mr. Bellows
wird aufgeschnürt;
eine Gestalt
ist im Anzug;
Popcorn-Verkauf
nur im unteren Saal

»Die haben uns die Herde geklaut«, sagte Mr. Hawkins.

Dem Mund von Mr. Bellows wurden Seiten der Frohbotschaft entnommen.

»Satte fünfzehnhundert Stück«, sagte Daumier. »Mami wird ewig böse sein.«

»Wieviel Mann hatte er bei sich?«

»Na ja, *gesehn* hab ich bloß vier ungefähr. Könn' gut mehr gewesen sein. Falln über mich her, grade wie wir aus dem Waldrand rauskomm'. Zwei ziehn mich nach links, zwei ziehn mich nach rechts, dasse mich nich in Stücke reißn, is alles. Un der Obermacker sitzt solang seelenruhig auf seinem dicken schwarzen Gaul mit fünf schwarzen Goggsen aufm Deez und kichert und keckert auf Deibel komm raus. Un dann zerrense mich vom Ferd und schmeißn mich aufn Boden dasses kracht und zwei setzen sich auf mich drauf und er hält der Herde nen Vortrag.«

»Und was für ein Vortrag soll das gewesen sein?«

»Los ging's mit ›Geliebte im Herrn‹. Und lief darauf hinaus, daß die allgütige Mutter Kirche dafür gesorgt hätte, alle Mädchen von der bösen und gemeinen und niederträchtigen und verderblichen Fron des Handels zu befreien – mit anderen Worten: von uns – und von den Plackereien und Entehrungen und Erniedrigungen des Au-pair-Daseins, und zwar durch das gottgefällige Eingreifen Seines sattelfesten Jesuitentrupps ohne Fehl und Tadel.«

»Und wie kam das bei der Herde an?«

»Er sagte, Beichtgelegenheit wäre nachmittags von zwei bis vier, Beginn der Abendandacht pünktlich um acht. Daraufhin lautes Stöhnen. Von seiten der Herde. Und dann fingen die Mädchen an und fragten die Padres nach den Hot-Dog-Rationen und den Gras-Rationen, und wo das Klo wäre und so weiter, und die schwarzen Jungs kamen ziemlich ins Schleudern. Es dämmerte ihnen, daß sie satte fünfzehnhundert Stück freßgierige Au-pair-Mädchen am Hals hatten.«

»Anscheinend ein heller Kopf«, sagte Celeste. »Sieht euren Schachzug voraus, und unterläuft ihn mit seinem noch weit überlegeneren Schachzug –«

In diesem Augenblick kam eine nicht ganz alltägliche Gestalt auf die Gruppe zu.

Sie trug auf der oberen ihrer zwei Lippen einen gescheitelten, hübsch gekräuselten Schnurrbart und auf dem Kopf einen Hut mit einem Feder- oder Helmbusch nicht ohne ein bestimmtes Bravado, und um die Schultern einen Umhang aus dunkelblauem Tuch nicht ohne einen gewissen Applomb, und auf dem Rumpf eine hübsche Lederweste mit Schnallen aus Messing und am Hinterteil weite prächtige Hosen aus gelbem Samt, wie er Innenarchitekten als geeigneter Überzug für Empire-Bergeren geläufig ist, und um die Taille eine Schlaufe, in der ein schimmernder Degen stak, und an den zwei Händen große Stulpenhandschuhe aus rosa Schweinsleder und auf seinen feingemeißelten Zügen den Ausdruck aristokratischer Arroganz. Obendrein ritt die Gestalt auf einem hochbeinigen, glattgestriegelten, schnell einhertrabenden Schaf.

»Was ist das?« fragte Mr. Bellows.

»Bin ich überfragt«, sagte Mr. Hawkins. »Ein Schauspieler vielleicht.«

»Ich weiß, was es ist«, sagte Daumier. »Ein Musketier.«

Fortbrodeln der Handlung in verdickter Form

Der Musketier überbringt einen Kurierbrief der Königin, aus dem

Daumier erfährt, daß Jeanne de Valois, ein verdorbenes Luder am Hof, das Halsband im Wert von 1.600.000 Francs an sich gebracht hat, indem sie den Kardinal de Rohan, einen Verehrer der Königin, dazu überredet hat, einen Schuldschein über die genannte Summe zu unterschreiben. Während er noch glaubt, der Königin ein Geschenk gemacht zu haben, und diese noch glaubt, das Halsband wäre an die Juweliere zurückgegeben worden, hat Jeanne de Valois die Diamanten längst in ein unbekanntes Versteck verschamariert. Alles spricht dafür, daß der König hinter die ganze Sache kommen und nach verschiedenen Richtungen in Wutanfälle ausbrechen wird. Daumier wird dringend gebeten, in die Hauptstadt zu eilen, um die Affaire auszubügeln, was er auch tut.

Geschichte des Jesuitenordens

Vertreibung aus England 1579
Vertreibung aus Frankreich 1594
Vertreibung aus Venedig 1606
Vertreibung aus Spanien 1767
Vertreibung aus Neapel 1768
Vollständige Aufhebung durch Clemens XIV. 1773
Wiederherstellung 1814

Etwas bahnt sich an

Mit der Zeit merkte ich, daß mir eine Person aus dem Leben meines Surrogats recht nah, ja näher als recht und billig, ans Herz gewachsen war. Das Mädchen Celeste natürlich. Mein Surrogat fand sie offenbar nicht weniger attraktiv als ich; das machte mir Kummer. Schon überlegte ich, wie ich sie aus seinem Leben in das meine herüberlotsen könnte.

Amelia protestiert

»Und ich?«

Ein La-Fontaine-Zitat

›Ich muß das Neue haben, auch wenn in der Welt davon nichts mehr zu finden ist.‹

Parierter Ausfall

»Du bist unersättlich«, sagte sie.

»Ich bin im Prinzip zu fünfzig Prozent gesättigt. Hätte ich zwei Surrogate, wäre ich hundertprozentig satt. Zwei sind nötig, damit keines auf die Idee kommt, es hätte mich gepachtet. Meine Identifikation mit diesem Daumier, der im Augenblick der Königin aus allen möglichen Scherereien heraushilft, klappt wunderbar, aber ich brauche noch einen. Mir schwebt ein ruhiger, nachdenklicher Typ vor, der ein eher beschauliches Leben führt. Vielleicht in der zweiten Person.«

Das neue Surrogat im Probelauf

Du hast nicht den schlechtesten Zeitpunkt gewählt, um zu tun, was zu tun ist, und daher bist du zufrieden mit dir – nicht maßlos, aber ein wenig doch. Du hast so manche Fallgrube umgangen. Andere sind hineingefallen. Du aber schaust vom Grubenrand auf die zu gespitzten Pfähle hinunter, gratulierst dir zu deinem Glück (weil du auf die Vernunft, wie du weißt, nicht vertrauen kannst) und ziehst weiter. Die Leitlinien deines Lebens sind tabellarisch in einem kleinen Buch niedergelegt, aber niemand hat es dir je geschenkt, und wenn du es dir in der Bibliothek bestellst, ist angeblich gerade die Leihfrist für den Vorbenutzer verlängert worden. Trotzdem steht es dir frei, nach Liebe zu suchen, so gut du kannst, oder deine Kleider in Maschinen zu waschen, deren Bullaugen verführerisch offenstehen, oder dir in den zahlreichen Geschäften in der Umgebung etwas zu kaufen – ein junges Hündchen zum Beispiel. Du bleibst vor einem Schaufenster mit jungen Hündchen stehen, braunen, schwarzen, gescheckten, und denkst dir, wie niedlich sie doch sind. Wenn du nur eins bekommen könntest, das immer ein Hündchen bliebe und nicht zum ausgewachsenen Hund wird. Deinen Beziehungen sind Grenzen gesetzt. Nicht daß du von Natur aus kühl wärst – ein tiefgreifendes, authentisches Engagement wäre sogar dein größter Wunsch –, aber es scheint sich nicht einstellen zu wollen. Deinen Beziehungen sind Grenzen gesetzt: Sie dauern anscheinend alle genau zwei Jahre. Wie kommt das? In den letzten Runden einer Liebesbindung überkommt dich das Gefühl, du *solltest jetzt gehen,* als wärst du zum Abendessen eingeladen, und der Ton, in dem dir dein Gastgeber noch einen Kognak anbietet, klänge auf eine bestimmte Weise hohl. Voll guten Willens versuchst du, dieses Gefühl zu überspielen und den gewohnten Pegel von Fröhlichkeit und Zuversicht etwa auf der alten Höhe zu halten, um eine Stimmung von *Zukünftigkeit* zu verbreiten. Aber darauf fällt keiner herein. Hoffnungsfrohe Pläne werden ausgeheckt, aber in jedem Plan steckt ein anderer, der die Abwesenheit des einen Pläneschmieds bereits mit einbezieht. Du schielst zum Bett, zum Plattenspieler, den Bildern, und schon ist deine Liste fertig, wer was behält. Was sagt das über dich aus – daß du von einer zur nächsten wanderst, ein Tourist der Entflammungen? Geht Scheitern so? Das läßt sich so früh vielleicht noch nicht entscheiden. Dir ist schon öfters der Gedanke gekommen, du, Daumier, könntest noch einmal etwas Großes vollbringen. Eine wirkliche, solide, beständige Leistung, vielleicht im Bereich der Schlagermusik oder überhaupt der leichteren Unterhaltung. Diese Bereiche sind keineswegs zu verachten, auch wenn, wie du weißt, viele Leute auf sie herabblicken. Aber eine sorgfältiger überlegte Initiative käme wohl auch mit etwas weniger Bemühtheit aus. Es ist leicht, zufrieden zu sein, wenn du aus den Dingen herausholst, was ihnen innewohnt. Aber dazu mußt du schon genau hinschauen, darfst nichts für fraglos halten, nichts zur Routine werden lassen. Du mußt dich gegen den Kokon der Gewöhnung wehren, der alles umspinnt, wenn du ihn läßt. Es gibt immer Neuanfänge, du mußt sie nur zu finden wissen. Es gibt immer etwas zu tun.

Ein Querschnitt durch die Kritik

»Um den heißen Brei herumreden kann er.«

»Und wie er um den heißen Brei herumreden kann!«

»Ich habe keinen mehr so um den heißen Brei herumreden hören, seit –«

»Nichts wie um den heißen Brei herum redet der Schwachkopf.«

Celeste kutschiert von einer Sphäre in eine andere

»Sie ist ausgebüchst«, sagte Mr. Hawkins.

»Spurlos verschwunden«, sagte Mr. Bellows.

»Herdentreue ist schwer«, sagte Mr. Hawkins. »Mancher lernt's nie.«

»Ja«, sagte Mr. Bellows, »im Idjologischen, da liegt das Problem. Da verknautschbumst sich jeder, im Idjologischen.«

Speisen und Getränke

Ich bereitete für Celeste ein Mahl zu – von einer gewissen Erlesenheit, wie sie Ankünften und anderen Riten des Übergangs angemessen ist.

Zur Einstimmung gab es Salzcrackers von allerfeinster Qualität und besonders knuspriger, viereckiger und dünngewalkter Beschaffenheit, die ich unter hohem persönlichen Einsatz erstand, indem ich bei den aggregierten Repräsentanten der National Biscuit Company vorstellig wurde. Diese hatte ich rückhaltlos und verschwenderisch mit Kraffts Leberpastete belegt, die, Gänsen und anderem ruhmreichen Getier geraubt, geziemend mit Grütze und anderen Streckmitteln untermischt war, und dann das Ganze mit Kalk fein gewürzt, um dem Verderb Einhalt zu gebieten. Danach gab es raffinierte Käsezubereitungen aus Wisconsin, in Goldpapier erlesenster Schattierungen gehüllt, das fesselnde Aufdrucke zeigte, darunter eine sehr kunstvolle Darstellung von Kühen, die sich offensichtlich bester Gesundheit und Laune erfreuten. Danach gab es Tunken aller Art, darunter Muschelsoße, Speck in Meerrettich, Zwiebelsuppe mit

Sauerrahm, mit denen meinen Tisch zu zieren nur durch die lange Bekanntschaft mit hochgestellten Mitarbeitern der Heinz Delicatessen Company möglich geworden war. Danach gab es Crispies, golden gewölbt, und nicht weniger als (circa) 224 an der Zahl, sprich den vollen Inhalt einer aus den Nähten platzenden 53-Cents-Tüte. Danach gab es tiefgefrorene gemischte Hors d'Œuvres von einer Üppigkeit jenseits aller Beschreibung, einem Etablissement entwunden, das nur den Adel, die Spitzen der Kirche und bestimmte auserwählte Bürgerliche beliefert, die in ihren jeweiligen bürgerlichen Kreisen allgemein als Senkrechtstarter gelten – wiederum ausreichend mit Kalk versehen, um dem Verderb Einhalt zu gebieten. Zusätzlich gab es gemischte Nüsse, unter hohen Kosten von der Pflanzengenossenschaft aus den verschiedensten Klimaten und Hängenden Gärten herbeigeschafft, jede Nuß zart überpudert mit einem Salz, dem kein anderes das Wasser reichen kann. Darüber hinaus gab es Hustenbonbons aus der Herstellung der Firma Smith sel. Witwe, braun und herzhaft, dargeboten in einer Schale aus dem Nachlaß Branns des Ikonoklasten. Danach gab es jungzarte grüne Oliven, von unterbezahlten Portugiesen fingerfertig mit rotem Paprika gefüllt, jeder Millimeter echte, ehrliche Handarbeit. Zusätzlich gab es Perlzwiebeln, von ihren nicht der Norm entsprechenden Artgenossen gewissenhaft durch eine Maschine ausgesondert, die dem Aufsichtsrat des A & P-Konzerns endlose schlaflose Nächte bereitet und ihre Felderprobung gerade rechtzeitig hinter sich gebracht hatte, um zu dem Festschmaus beitragen zu können, der hier beschrieben wird. Zusätzlich gab es Cornichons, deren Ruhm meiner Lobesworte nicht bedarf. Als Nächstes gab es bestimmte Frischkäse der Provenienz Philadelphia, in kostbare Silberfolie gehüllt, die jeden Pascha in den lieben hingeschiedenen Zeiten zum Bettler gemacht hätten. Darauf gab es verlorene Wachteln, zubereitet aus den edelsten Sojaextrakten, wie sie auf den raffiniertesten Tafeln von Paris, London oder Rom nicht zu finden sind, begossen mit reichlichen Gaben von Tab, einem feurigen Trunk, gebraut unter der Lizenz der Coca-Cola-Company, die ihr uraltes Geheimrezept dafür keinem preisgibt, wie sehr er sie darum auch bitten mag, aber doch alljährlich ein bestimmtes Quantum davon gewissen Kennern und

Süfflern zukommen läßt, deren Empfehlungen den sehr strengen Anforderungen des Kellermeisters Genüge tun. Diese ganze unglaubliche Bewirtung wohlgemerkt nur als Scherzo vor dem Aufklingen des Hauptthemas: Currywurst.

»Was soll das alles?« fragte die liebe Celeste und fächelte mit den Händen in der Luft. »Wo ist das Essen?«

»Du merkst einem Mahl nicht seine spirituelle Zubereitung an«, sagte ich, in meiner Eigenliebe gekränkt.

»Uns winkt das große Glück«, sagte Celeste. »Ich kann kochen.«

Beschluss

Ich faltete Mr. Hawkins und Mr. Bellows zusammen, wickelte sie in Seidenpapier und verschloß sie sorgsam in eine Schublade, zusammen mit dem König, der Königin und dem Kardinal. Ich befand mich in einer glücklichen und zufriedenen Stimmung, wußte aber, daß Zeiten ohne Glück und Zufriedenheit auf mich warteten. Dann konnte ich sie wieder auswickeln und weiterpilgern lassen. Die zwei Surrogate, der Daumier in der zweiten und der in der dritten Person wurden gleichfalls in Seidenpapier gehüllt und in der Schublade verwahrt. Besonders der Daumier in der zweiten Person verlohnt nähere Betrachtung, und eines Tages, wenn meine Seele kränkelt und sich mit Schwären bedeckt, werde ich ihn aus der Schublade holen und betrachten. Celeste ist dabei, ein Boeuf en daube zuzubereiten, und ich will in die Küche gehen und sie dabei betrachten. Sie legt die Kasserolle mit fakultativen Speckscheiben aus. Auch Amelia belegt für ihre Daube die Kasserolle mit fakultativen Speckscheiben, aber irgendwie – Man kann dem Selbst nicht entkommen, aber mit Scharfsinn und harter Arbeit läßt es sich ablenken. Es gibt immer Neuanfänge für den, der sie zu finden weiß. Es gibt immer etwas zu tun.

Nicht-Wissen

Nehmen wir an, jemand schreibt eine Geschichte. Aus der Welt der konventionellen Zeichen nimmt er einen Azaleenbusch und pflanzt ihn in einen angenehmen Park. Er nimmt eine goldene Taschenuhr aus der Welt der konventionellen Zeichen und placiert sie unter den Azaleenbusch. Er nimmt aus der gleichen reichen Quelle einen gutaussehenden Dieb und einen Keuschheitsgürtel, steckt den Dieb in den Keuschheitsgürtel und legt ihn sacht unter die Azalee, ohne zu versäumen, die goldene Taschenuhr aufzuziehen, so daß ihr Tikken schließlich den jetzt schlafenden Dieb aufwecken wird. Vom Sarah-Lawrence-College borgt er sich zwei Studentinnen im vierten Studienjahr, Jacqueline und Jemima, und läßt sie in der Nähe des Azaleenbusches und des gutaussehenden, keuschen Diebes spazierengehen. Jacqueline und Jemima sind gerade durch das Graduate-Record-Examen gefallen und verfluchen Gott in kräftigen Sarah-Lawrence-Ausdrücken. Was passiert als nächstes?

Natürlich weiß ich das nicht.

Es ist angebracht, innezuhalten und zu sagen, daß der Schriftsteller jemand ist, der sich auf eine Aufgabe einläßt und nicht weiß, was er machen soll. Ich kann Ihnen in diesem Moment nicht sagen, ob Jacqueline und Jemima in ihren Bemühungen, das Schloß des Keuschheitsgürtels zu knacken, erfolgreich sein werden oder nicht oder ob der Dieb, der Zeno heißt und der die Lösungsblätter für die nächste Graduate-Record-Examen-Serie gestohlen hat, die Taschenuhr in seiner Tasche verschwinden lassen oder sie dem nächsten Parkangestellten übergeben wird. Das Schicksal des Azaleenbusches, ob er blühen oder in einem tödlichen Frost eingehen wird, ist mir unbekannt.

Ein sehr gewissenhafter Schriftsteller könnte eine Azalee in der ›Downtown Nursery‹ kaufen und eine goldene Uhr bei Tiffany, einen gutaussehenden Dieb frisch von Riker's Island anheuern, einen Keuschheitsgürtel als Leihgabe vom Metropolitan erhalten,

Jacqueline und Jemima aus Bronxville herlocken und sie alle zu Studienzwecken unter Glas arrangieren und die Ergebnisse in ehrlicher, sogar anspruchsvoller Prosa aufschreiben. Doch damit verweist er sich selbst ins Reich des Journalismus oder der Soziologie. In der Kunst kommt es aufs Nicht-Wissen an, das Nicht-Wissen macht Kunst überhaupt erst möglich. Ohne den Prozeß des erwägenden Suchens, den das Nicht-Wissen erzeugt, ohne die Möglichkeit, den Geist sich in ungeahnte Richtungen bewegen zu lassen, gäbe es keine Erfindung.

Das soll nicht besagen, daß ich gar nichts über Jacqueline und Jemima weiß, aber was ich weiß, tritt in dem Moment ins Dasein, in dem es niedergeschrieben wird. Jacqueline zum Beispiel verabscheut ihre Mutter, wohingegen Jemima in die ihre vernarrt ist – ich entdecke das, indem ich den Satz schreibe, der es verkündet. Zeno wurde gezeugt von einem – was? Einem Eisbären? Rollschuh? Goldregen? Ich entscheide mich für den Goldregen, denn Zeno ist ein Held (obwohl er das eben erst wurde kraft seines goldenen Elternteils). Auf der Innenseite der Taschenuhr ist ein Schriftzug graviert. Kann ich ihn entziffern? Ich denke schon: *Trink mich*, besagt er. Nein, nein, kann ich nicht gebrauchen, das ist Lewis Carroll. Aber könnte Zeno eher ein Uhrenschlucker als ein Dieb sein? Abermals nein, Zeno würde daran ersticken und der Leser auch. Es gibt Regeln.

Schreiben bedeutet, mit dem Nicht-Wissen fertig zu werden, sich das Was und Wie zu erkämpfen. Wir haben alle gehört, wie sich Romanciers zu der Tatsache bekannten, daß sie, wenn sie ein neues Buch anfangen, höchst verwirrt sind von der Frage, wie sie vorgehen sollen, was geschrieben werden sollte und wie es geschrieben werden könnte, auch wenn sie schon ein Dutzend verfaßt haben. Bestenfalls ist da eine schwache Intuition, nicht viel stärker als ein Jucken. Die mit dieser Situation verbundene Angst ist nicht unbeträchtlich. »Nichts zu malen und nichts zum Malen«, wie Beckett von Bram van Velde sagt. Das Nicht-Wissen ist nicht einfach, denn es ist von Verboten umzogen, von Straßen, die nicht eingeschlagen werden dürfen. Je ernsthafter der Künstler, desto mehr Probleme zieht er in Betracht und desto mehr Erwägungen limitieren seine möglichen Initiativen – ein Punkt, auf den ich zurückkommen werde.

Was für ein Bursche ist Zeno? Wie soll ich das wissen, bevor er seinen Mund aufmacht?

»Sachte, meine Damen, sachte«, sagt Zeno, als Jacqueline und Jemima mit einem Spaten, den sie von einem freundlichen Parkangestellten geborgt haben, auf den Gürtel eindreschen. Und zu dem Parkangestellten: »Irgend jemand scheint die Uhr da verloren zu haben.«

*

Wechseln wir den Schauplatz.

Alphonse, der Parkangestellte aus der vorigen Episode, er, der den Spaten lieh, ist allein in seinem elenden Zimmer in der West Street (ich könnte ihn genausogut in ein vierstöckiges Stadthaus auf der East Seventy-second versetzen, aber Sie würden Einspruch erheben, und mit Recht; die Lebensechtheit verbietet es, nichts ist schneller ausgerechnet als ein Gehalt). Alphonse ist, wie so viele, die sich in der großen Stadt schinden, nicht so simpel, wie er wirkt. Wie jene Kellner, die in Wahrheit Schauspieler, und jene Taxifahrer, die in Wahrheit Komponisten elektronischer Musik sind, arbeitet Alphonse vor Feierabend beim Parks Department, obwohl er in Wirklichkeit Literaturkritiker ist. Wir treffen ihn an, wie er gerade einen Brief an seinen Freund Gaston schreibt, auch ein Literaturkritiker, obwohl zeitweise als Museumswächter im Whitney Museum verkleidet. Alphonse wiegt seine Pranken über seiner Smith-Corona und schreibt:

Lieber Gaston,

ja, Du hast vollkommen recht – der Postmodernismus ist tot. Ein harter Schlag, aber nicht völlig überraschend. Ich verbreite die Nachricht so schnell wie möglich, damit alle unsere Freunde, die in der postmodernen Clique mit drinhängen, da rauskönnen, bevor ihre Autos jemand anderem gehören und die Versicherungen ihre Policen zerreißen. Ein Jammer, den Postmodernismus dahingehen zu sehen (und so schnell!). Ich mochte ihn. Ich mochte ihn beinahe so sehr wie seinen ernsten und noblen Vorgänger, den Modernismus. Aber wir können nicht in Ruinen hausen. Der Tod einer Bewegung gehört einfach zum Leben dazu, wie die Verfechter des Naturalismus, der auch tot ist, so gut begriffen haben.

Ich erinnere mich genau, wo ich war, als ich erkannte, daß der Postmodernismus den Löffel abgegeben hatte. Ich war in meinem Arbeitszimmer mit einer Tasse Tequila und William Y.'s neuem Buch ›Einhalb‹. Y.'s Werk ist, da sind wir einer Meinung, gut – *sehr* gut. Aber wer kann den Sprung zur Größe schaffen, wenn er die ausgebrannten Güterwagen einer toten Ästhetik hinter sich herzieht? Vielleicht können wir eine neue Verwendung für ihn finden. Auf den Straßen zum Beispiel. Als die Einsicht mich überkam, sprang ich auf, stieß dabei den Tequila um und sagte laut (obwohl keiner zum Zuhören da war): »Was? Der Postmodernismus auch?« So viele, so viele. Ich legte Y.'s Buch weg, auf ein hohes Bord im Regal, und wandte mich der Kontemplation über den Tod des Cantus planus Anno Domini 958 zu.

Übrigens: Der Strukturalismus wankt. Ich hörte es von Gerald, der an der Johns-Hopkins-Uni und daher mitten im Geschehen ist. Du mußt es nicht jedem erzählen. Häufig reicht müßiges Geschwätz, um einer Bewegung jenen letzten kleinen ›Schubs‹ zu versetzen, der sie ins Grab stürzt. Ich bin überzeugt davon, daß genau das dem New Criticism passiert ist. Ich glaube, daß es Gerald war mit seinem Geflüster in den Korridoren.

Die angenehme Seite des Ganzen: Eine tote Sache, um die es mir nicht zu sehr leid tut, ist der Existentialismus, den ich überhaupt nie für etwas anderes als für den zweiten Aufguß der Phänomenologie gehalten habe. Er stand lange auf dem Spielplan, aber wie ärgerlich war es, all diese Künstler dauernd über das ›existentielle Moment‹ und ähnliches Zeugs schwätzen zu hören. Zum Glück haben sie jetzt damit aufgehört. Ebenso hat mich das Hinscheiden des Nouveau Roman nicht übermäßig gestört. »Machte die Öde zu einer Religion«, sagtest Du sehr korrekt. Ich weiß, das war auch so eine Bewegung von der Marke ›Abgenagt bis auf die Knochen‹ und all so was, aber ich mochte nicht einmal, was sie wegließen. Eine nette Auslassung sträubt mir gewöhnlich die Nackenhaare. Hier nicht. Robbe-Grillets einziger wirklicher

Erfolg, wenn Du mich fragst, war ›Eifersucht‹, was er, wie man mir sagte, in einem Anfall ebendieser schrieb.

Schön, wo stehen wir? Der Surrealismus dahin, ein bißchen süß geworden gegen das Ende, Du konntest zusehen, wie der Wein des Lebens zu Gatorade wurde. Klebrig. Altargedichte – zur höheren Ehre und Verherrlichung Gottes altarförmig gebaute – wurden in jüngster Zeit kaum mehr gesichtet: vermißt und für tot erklärt. Der Anti-Roman ist tot; ich las es in der ›Times‹. Der Anti-Held und die Anti-Heldin hatten was miteinander, wobei drei Anti-Kinder herauskamen, die jetzt alle am M.I.T. sind. Der Heimatroman ist tot, wie der Expressionismus, der Impressionismus, der Futurismus, der Imagismus, der Vortizismus, der Regionalismus, der Realismus, die Kitchen-Sink-Schule in der Dramatik, das absurde Theater, das Theater der Grausamkeit, der schwarze Humor und der Gongorismus. Du weißt das alles; ich zähle bloß zusammen. In der gegenwärtigen Ära ein Präraffaelit zu sein ist etwas abseitig. Und natürlich die konkrete Poesie – ging unter wie ein Stein.

Wir haben also eine Schwierigkeit. Wie sollen wir die ›neue Sache‹ nennen, der ich noch nicht begegnet bin, die aber doch irgendwo da draußen sein muß? ›Post-Postmodernismus‹ klingt mir ein bißchen plump. Ich habe mit der ›zweiten Revolution des Wortes‹ gespielt oder der ›neuen Revolution des Wortes‹, aber ich fürchte, das Copyright könnte bei den Jolas-Erben liegen. Das Wort *neu* sollte irgendwie mit drin sein. Die ›neue Neuheit‹? Oder vielleicht das ›Nach-Neue‹? Das ist ein Problem. Ich erwarte Deine Kommentare und Vorschläge. Wenn wir diesem wilden Vieh einen Sattel überwerfen wollen, müssen wir uns ranhalten.

Dein
Alphonse

Wenn ich, was den Postmodernismus angeht, etwas optimistischer bin als Alphonse, aber im Zweifel, was den Begriff anbelangt, und nicht ganz im klaren darüber, wer wohl mit im Bus sitzt und wer nicht, dann deshalb, weil ich ihn in Beziehung zu einer Kette von

Problemen setze und meine, daß es sich um dauerhafte Probleme handelt. Probleme sind ein Trost. Wittgenstein sagte über die Philosophen, daß einige von ihnen an ›Problemverlust‹ leiden, ein Entwicklungsstadium, in dem ihnen alles ganz einfach scheint, und was sie schreiben, wird ›unendlich seicht und trivial‹. Das gleiche kann man von Schriftstellern sagen. Bevor ich einige der spezifischen Schwierigkeiten erwähne, die ich im Sinn habe, möchte ich wenigstens einen Blick auf einige Vorwürfe werfen, die gegen die angeblichen Postmodernen gerichtet worden sind – sagen wir, gegen John Barth, William Gass, John Hawkes, Robert Coover, William Gaddis, Thomas Pynchon und mich in diesem Land, gegen Calvino in Italien, gegen Peter Handke und Thomas Bernhardt in Deutschland, obwohl andere Namen genannt werden könnten. Die Vorwürfe lauten im groben wie folgt: daß diese Art des Schreibens der Welt den Rücken gekehrt hat, sich in gewissem Sinne nicht mehr mit der Welt, sondern mit ihren eigenen Verfahren befaßt, daß sie masturbatorisch, zweifellos kalt ist, daß sie die Leser absichtlich ausschließt, nur zu den bereits Eingeweihten spricht, oder daß sie überhaupt nicht spricht, sondern wie Frosts Geheimnis inmitten eines Kreises sitzt und WEISS.

Ich würde jede dieser Behauptungen flammend bestreiten, aber es ist ziemlich einfach zu sehen, woher sie kommen. Die Probleme, die mir die Aufgabe des Schriftstellers zu diesem Zeitpunkt zu definieren scheinen (in dem Maße, in dem er sie als seine Probleme gewählt hat), sind nicht so beschaffen, daß sie zur Leichtigkeit der Kommunikation beitragen, zu einem Werk, das dem Leser mit ausgebreiteten Armen entgegenfliegt – eher im Gegenteil. Lassen Sie mich drei solcher Schwierigkeiten anführen, die ich für bedeutend halte, und die alle mit der Sprache zu tun haben. Erstens ist da das Vorhaben der Kunst seit Mallarmé, einer abgegriffenen Sprache wieder Frische zu geben, im wesentlichen eine Bemühung um eine Sprache, mit der Kunst überhaupt möglich ist. Das bleibt ein fundamentales Thema, als Problem heute so durchschlagend wie vor einem Jahrhundert. Zweitens ist da die politische und soziale Kontamination der Sprache durch ihre Verwendung in verschiedenen Formen der Manipulation über die Zeiten hinweg und die Bemühung, das zu finden, was man eine ›saubere‹ Sprache nennen könnte. Das sind Probleme, bei denen man an den Roland Barthes von ›Am Nullpunkt der Literatur‹ denkt, die aber auch von Lukács und anderen diskutiert wurden. Schließlich ist da der Druck auf die Sprache, der von der heutigen Kultur im weitesten Sinne ausgeht – ich meine unsere alles verschlingende kommerzielle Kultur – und der zu einer doppelten Verarmung führt: dem Leser wird die Komplexität gestohlen, dem Schriftsteller der Leser.

Dies sind keineswegs die einzigen dornigen Angelegenheiten, mit denen sich der Schriftsteller befassen muß, noch (berücksichtigt man die sehr großen Unterschiede zwischen den Schreibenden, die zur Debatte stehen) stellt sich ihnen jeder postmodern genannte Schriftsteller in gleicher Weise und in gleichem Maße, noch trifft es zu, daß andere Schriftsteller sehr verschiedener Richtungen von solchen Sorgen unberührt wären. Wenn ich diese Angelegenheiten ›dornig‹ nenne, dann deshalb, weil jeder adäquate Versuch, sich mit ihnen zu befassen, automatisch Barrieren gegen die schnelle Aufnahme des Werkes schafft. Die Kunst ist nicht schwierig, weil sie schwierig sein möchte, sondern weil sie Kunst sein möchte. Wie sehr auch der Schriftsteller sich danach sehnen mag, in seinem Werk einfach, ehrlich und geradlinig zu sein, diese Tugenden sind für ihn nicht länger verfügbar. Er entdeckt, daß sich nicht viel tut, wenn er einfach, ehrlich und geradlinig ist: Er sagt das Sagbare, während wir das bis jetzt noch Unsagbare suchen, das bis jetzt noch nicht Gesagte.

Mit Mallarmé wird die Bemühung um Mimesis, um die Repräsentation der äußeren Welt, eine viel komplexere Sache, als sie es vorher war. Mallarmé rüttelt die Worte aus ihren Gebundenheiten los und verleiht ihnen neue Bedeutungen, Bedeutungen, die nicht auf die äußere Welt, sondern auf das Absolute weisen, auf Akte dichterischer Intuition. Das ist ein schicksalhafter Schritt; nicht umsonst nennt Barthes Mallarmé den Hamlet der Literatur. Dieser Schritt schafft zunächst eine Dichtung von noch nie dagewesener Schwierigkeit. Sie werden in Bartletts ›Familiar Quotations‹ nichts von Mallarmé finden. Auch ein so glühender Verehrer wie Charles Mauron spricht von dem Gefühl der Entfremdung, das einem sein Werk aufzwingt. Mauron schreibt: ›Alle, die sich des Tages entsinnen, an dem sie zum ersten Mal in die ‚Gedichte' oder in die ‚Abschweifungen' schauten, werden das seltsame Gefühl des *Ausgeschlossenseins* bezeugen, das – angesichts eines Textes, der in *ihren* Worten geschrieben war (und übrigens, wie sie irgendwie fühlen konnten, großartig geschrieben) – sie plötzlich außerhalb ihrer eigenen Sprache versetzte, ihrer Rechte an einer gemeinsamen Sprache beraubt und sozusagen von ihren ältesten Freunden zurückgewiesen.‹ Mallarmés Werk ist ebenfalls – und dies ist vielleicht das wesentlichste – ein Schritt zur Etablierung eines neuen ontologischen Status des Gedichts: das Gedicht mehr ein Objekt in der Welt denn eine Repräsentation der Welt. Aber das erstrittene Terrain ist gefährliches Terrain. Nach Mallarmé wird der Kampf um die Erneuerung der Sprache für den Schriftsteller ein Gegebenes, seine exemplarische Suche ein Imperativ. Mallarmés Werk, ›dieses Flüstern, das dem Schweigen so nahe ist‹, wie Marcel Raymond es nennt, ist eine Befreiung und zugleich ein Verlust eines großen Gebietes an das Schweigen.

Um das Zum-Schweigen-Bringen einer bestehenden Rhetorik (ein Ausdruck Harold Rosenbergs) geht es auch in den Überlegungen Barthes' in ›Am Nullpunkt der Literatur‹ und danach – in diesem Falle handelt es sich um eine Vielzahl von Rhetoriken, die eher als aktiv schädlich denn als passiv hinderlich betrachtet werden. Die Frage ist: Worin besteht die Komplizenschaft der Sprache bei den massiven Verbrechen des Faschismus, des Stalinismus oder (als natürliche Folgerung) unserer eigenen Politik in Vietnam? Oder bei der Kontrolle der Gesellschaften durch die Mächtigen und ihre geschäftigen Funktionäre? Wenn diese Abscheulichkeiten alle in einem gewissen Sinne durch die Sprache erleichtert, ermöglicht werden, in welchem Grade ist dann diese Sprache tödlich kontaminiert? (Diese Überlegungen wurden auch von George Steiner in seinem wohlbekannten Essay ›Das hohle Wunder‹ und, viel früher, von George Orwell aufgeworfen.) Ich skizziere hier nur ansatzweise eine ziemlich komplexe Erörterung; ich bin von Barthes' Lösungsvorschlägen nicht besonders eingenommen, aber die Probleme gebieten die größte Aufmerksamkeit. Wiederum ist unsere Sprache erfüllt von einem tiefen Mißtrauen gegen die Art, in der sie funktioniert. Obwohl dieses Mißtrauen sich im Wesen nicht von Hemingways früh in diesem Jahrhundert formulierten Wahrnehmungen unterscheidet, daß Worte wie *Ehre, Ruhm* und *Vaterland* meineidig und gekauft seien, ist die Skepsis jetzt weit tiefer und außerdem begründet durch die Forschungen von Sprachphilosophen, Strukturalisten, Semiotikern. Selbst Konjunktionen müssen sorgfältig untersucht werden. ›Ich lese jedes Wort mit dem ihm entsprechenden Gefühl‹, sagt Wittgenstein. ›Das Wort ‚aber' zum Beispiel mit dem Abergefühl ...‹ Er hat nicht unrecht. Läßt uns nicht das Abergefühl, wie er es nennt, kopfüber eine geschmierte Rutschbahn hinuntersausen, bevor wir Zeit hatten, die Behauptung zu bedenken, an die es angrenzt? Tempo, Tempo – wenn Sie die Phrase ›unsere vitalen Interessen‹ hören, halten Sie dann inne, um sich zu fragen, ob Sie zu dem Pfadfinderanwärter-, Zen-, Ku-Klux-Klan- oder Hexentreffen geladen waren, wo diese definiert wurden? Haben Sie gesprochen?

Wendet man sich der Wirkung der gegenwärtigen Kultur auf die Sprache und somit auf den Schriftsteller zu, ist das erste, was angemerkt werden muß, ein Verlust an Bezügen. Wenn ich eine Bezugswelt will, auf die alle möglichen Leser in diesem Lande ansprechen können, ist nur ein Universum des Diskurses verfügbar: das, in dem das ›Liebesboot‹ auf Meeren der Leidenschaft segelt wie ein Fliegender Holländer der Leidenschaft und in dem die ihrer Sache ergebenen Männer in Weiß aus der Serie ›Die Klinik‹ mit gleicher Tüchtigkeit hinter Dreifach-Bypass-Operationen und den Schwestern her sind. Das schränkt die Sache ein bißchen ein. Die frühere Zeitungskultur, die sich einst in einem gewissen Maß an Nuancen und gepfeffertem, höchst literarischem Tumult bewegte, hat sich entsetzlich verschlechtert. Die Zeitung, für die ich vor dreißig Jahren als unerfahrener junger Mann arbeitete, ist heute eine blasse Imitation ihres früheren Selbst. Wo wir einst falsche Zitate in die Zeitung setzen und sie Ambrose Bierce zuschreiben und ziemlich sicher sein konnten, daß genug Leser den Witz mitbekommen würden, damit sich der Witz für Leser und Schreiber lohnt, existiert heute solch ein gemeinsamer Boden nicht mehr. Die Situation ist keine Besonderheit dieses Landes. George Steiner bemerkt über die besten heutigen Arbeiten auf journalistischem Gebiet in Deutschland, es sei, vergliche man sie mit einer beliebigen Nummer der ›Frankfurter Zeitung‹ aus vorhitlerischen Tagen, zeitweilig schwer zu glauben, daß beide in Deutsch geschrieben seien. Auf der anderen Seite der Skala wird ein großer Teil der vorzüglichsten Beschreibungen der Welt, des Diskurses über die Welt, in mathematischen Sprachen geführt, die für die meisten Menschen – für mich zweifellos – schwer verständlich sind, und die Beiträge zu unserer gemeinsamen Sprache, die die Wissenschaften einst in Form von Prägungen, neuen Worten und Begriffen machten, sind heute nur Spezialisten verfügbar. Wenn man die grausame Inbesitznahme der ›hohen‹ Kultur durch die kommerzielle Kultur hinzuzählt – es dauert, nach meiner Schätzung, etwa fünfundvierzig Minuten, bis jede Kunstneuheit von der Mary-Boone-Gallery am West Broadway in den Schaufenstern von Henri Bendel auf der 57th Street gelandet ist –, dann beginnt man die Verführungen des Schweigens zu schätzen.

Probleme bestimmen zum Teil die Art des Kunstwerks, das der Künstler schaffen will, und man soll ihnen nicht ausweichen, sondern sie annehmen. Ein Schriftsteller, sagt Karl Kraus, ist ein Mann, der aus einer Antwort ein Rätsel machen kann.

*

Lassen Sie mich noch einmal beginnen.

Jacqueline und Jemima unterweisen Zeno, der die entwendeten Prüfungsunterlagen zurückgegeben hat und so wieder zu öder Respektabilität gelangt ist, in Postmodernismus. Der Postmodernismus, sagen sie ihm, hat der Welt den Rücken gekehrt, befaßt sich nicht mit der Welt, sondern mit seinen eigenen Verfahren, ist masturbatorisch, zweifellos kalt, schließt die Leser absichtlich aus, spricht nur zu den bereits Eingeweihten oder spricht überhaupt nicht, sondern …

Zeno, um zu zeigen, daß er auch das eine oder andere weiß, zitiert den Kritiker Perry Meisel zum Thema Semiotik. ›Die Semiotik‹, sagt er, ›ist in der Lage, zu behaupten, daß kein Phänomen irgendeinen ontologischen Status außerhalb seines Ortes in dem speziellen Zeichensystem hat, von dem es seine Bedeutung bezieht‹ – er nimmt einen großen Schluck von seinem Gibson – ›und deshalb ist alle Sprache letztlich grundlos.‹ Ich belausche sie und bin sehr beruhigt. Diese Einsicht kann ich brauchen. Gaston, der Kritiker und Wächter im Whitney Museum, ist in eine Steuerfahnderin namens Madelaine verliebt, in der Tat gerade die Steuerfahnderin, die meine Steuererklärung für das Jahr 1982 prüft. »Madelaine«, sage ich freundlich zu ihr beim Lunch, »die Semiotik ist in der Lage, zu behaupten, daß kein Phänomen irgendeinen ontologischen Status außerhalb seines Ortes in dem speziellen Zeichensystem hat, von dem es seine Bedeutung bezieht, und deshalb ist alle Sprache letztlich grundlos, inklusive die jener komischen kleinen Mitteilungen, die du mir geschickt hast.« – »Ja«, sagt Madelaine freundlich, zieht aus ihrer Tasche eine große goldene Uhr, die Alphonse Gaston für zwanzig Dollar verkauft hat, und ihre lieblichen Veilchenaugen flattern, »aber manche Zeichensysteme sind durchsetzbarer als andere.« Ach ja, sie hat recht.

Wenn der Schriftsteller als die Art und Weise verstanden werden soll, mit der das Werk es fertigbringt, geschrieben zu werden, als eine Art Blitzableiter für eine Anhäufung atmosphärischer Störungen, als ein St. Sebastian, der in seiner zerfetzten Brust die Pfeile des Zeitgeistes auffängt, ändert das die traditionelle Anschauung vom Künstler nicht sehr. Aber es gestattet eine Menge imperialer Kritikermacht.

Das macht jedem Spaß. Vor ein paar Jahren erhielt ich einen Brief von einem Kritiker, der um die Erlaubnis bat, eine Erzählung von mir als Anhang zu der Sache abzudrucken, die er darüber geschrieben hatte. Er fügte die Kopie meiner Erzählung bei, die er zu reproduzieren beabsichtigte, und ich entdeckte mit Erstaunen, daß meine arme Erzählung eine Reihe winziger Zahlen hervorgebracht hatte – eins bis achtundachtzig, wie ich mich erinnere –, eine Armee winziger Zahlen, die über die Oberfläche meines armen zerrütteten Textes marschierte. Ich widerstand der Versuchung, ihm zu sagen, daß alle die winzigen Zahlen an den falschen Stellen standen, und gab ihm die Erlaubnis, zu tun, was er wollte, aber ich bemerkte, daß durch eine Art von literarischem Judo der Status meines Textes auf den einer Fußnote reduziert worden war.

Es liegt in dieser Art von Kritik ein Element der Aggression, das einen innehalten läßt. Dekonstruktion ist ein Unternehmen, das seine Absichten mit überraschender Offenheit ankündigt. Jedes Kunstwerk hängt von einer komplexen Reihe von Interdependenzen ab. Wenn ich Rauschenbergs berühmter Ziege den Gummireifen vom Bauch ziehe, um im Interesse eines tieferen Verständnisses desselben festzustellen, ob der Reifen ein B. F. Goodrich oder ein Uniroyal ist, bricht das Werk mehr oder weniger hinter meinem Rükken zusammen. Ich sage das nicht, weil ich diese Art von Untersuchungen wertlos finde, jedoch, weil für mich das Geheimnis, das die Untersuchung lohnt, nicht die Bedeutung der einzelnen Teile ist, sondern wie sie zusammenkommen: der Reifen, über die Hinterbeine der Ziege gezerrt. Calvin Tomkins erzählt uns in ›Die Braut und die Junggesellen‹, daß Rauschenberg selber sagt, daß der Reifen als ›etwas ebenso Unvermeidliches wie die Ziege‹ erschien. Die Ziege und der Reifen als ›unvermeidliche‹ Optionen im Kontext des Kunst-Machens zu sehen, heißt zu erhellen, wie seltsam eben der Prozeß des Kombinierens sein kann. Auch war die Wahl keine rasche; Tomkins erzählt uns, daß die Ziege drei Jahre im Atelier gewesen und in zwei früheren Fassungen erschienen war (die endgültige Fassung heißt ›Monogramm‹), bevor sie den Reifen traf.

Heutige Kritiker sprechen davon, einen Text ›wieder zu Kräften zu bringen‹. Damit unterstellen sie ein beschleunigtes und nach Möglichkeit energisches Gesundpflegen eines im Grunde kranken Textes, eines Textes, der sehr wahrscheinlich nicht einmal wußte, daß er krank war. Ich würde argumentieren, daß in den konkurrierenden Methodologien der zeitgenössischen Kritik, von denen viele reich an Implikationen sind, eine Art von Tyrannei der großen Erwartungen obwaltet, eine Sucht nach endgültigen Erklärungen, eine Weigerung, einem Werk jenes Geheimnis zu gestatten, das wesentlich für dieses Werk ist. Ich hoffe, daß ich mich nicht selbst in Mystifikationen verwickle, wenn ich sage, nicht daß der Versuch nicht gemacht werden sollte, aber daß das Geheimnis existiert. Ich sehe keinen unmittelbaren Ausweg aus diesem Paradoxon – reißen Sie ein Geheimnis in Fetzen und Sie haben die Fetzen, nicht das Geheimnis –, ich merke es lediglich an und gehe weiter.

Wir können uns jedoch einen Augenblick lang fragen, warum die mit ihrem Reifen umgürtete Ziege irgendwie eher ein magisches Objekt ist als, sagen wir, bloß ein dummer Einfall. Harold Rosenberg sagt vom zeitgenössischen Kunstwerk, es sei ›verängstigt‹, es frage sich: Bin ich ein Kunstwerk oder einfach ein Haufen Müll? (Wenn ich hier viele meiner Beispiele lieber aus der Welt der bildenden Kunst als aus der Welt der Literatur nehme, dann deshalb, weil die Probleme schneller in den Begriffen der ersteren erkannt werden: ›Ziege‹ und ›Reifen‹ stehen für Seiten von Prosa und Pfunden von Lyrik ein). Worin besteht denn nun genau das Magische im Zusammenkommen von Ziege und Reifen? Es besteht nicht in der Überraschung, die Ziege (reifen)geschmückt zu sehen, obwohl das mit dazugehört. Man könnte zum Beispiel sagen, daß der Reifen die Ziege *bestreitet*, der Ziege als einer Seinsweise *widerspricht*, auch, daß der Reifen in gewissem Sinne die Ziege *tadelt*. Auf der simpelsten Wortspielebene ist die Ziege *bereift*. Oder daß der unglückliche Reifen von der Ziege, die im Hudson geangelt hat, *gefangen worden ist* – Ziegen fressen bekanntlich alles – oder daß die Ziege von dem Reifen verzehrt wird, er ist schließlich das Außen, die Mechanisierung übernimmt das Kommando. Oder daß die spitzbärtige Ziege gegen die Plackerei ihres Freundes, des Reifens, protestiert, indem sie ihn als eine Art STREIK-Button trägt. Oder daß zwei kontrastierende Modelle der Unendlichkeit präsentiert werden: Reifen und Ziegen als unendlich reproduzierbar, die erste Unendlichkeit abhängig vom Glück der B. F. Goodrich Company und die zweite von der Kopulationsfreudigkeit der Ziegen – parallele Produktionslinien, die sich plötzlich trafen. Und so weiter. Was an dem Objekt magisch ist, ist die Tatsache, daß es zugleich die Interpretation einlädt und ihr widersteht. Sein künstlerischer Wert ist durch den Grad meßbar, zu dem es nach der Interpretation lebendig bleibt – keine Interpretation, keine Herzlungenmaschine kann es erschöpfen oder entleeren.

In welchem Sinne ›befaßt‹ sich das Kunstwerk mit der Welt, der Welt, von der Jacqueline und Jemima Zeno ernstlich versichert haben, das Kunstwerk habe ihr seinen scharlachroten Hintern zugekehrt? Zu ebendieser verwirrenden Frage wollen wir als nächstes zurückkehren.

*

Diskutieren wir die Verfassung meines Tisches. Ein Durcheinander, ein leichtes Durcheinander. Das Durcheinander ist physisch (Kaffeetassen, Zigarettenasche) und geistig (unbezahlte Rechnungen, ungeschriebene Romane). Das Gefühlsleben des Mannes, der an dem Tisch sitzt, ist auch durcheinander – ich bin in einen Satz Zwillinge verliebt, Hilda und Heidi, und in einem Anfall von Enthusiasmus bin ich in die bolivianische Armee gegangen. Das Apartment, in dem der Tisch steht, scheint von Moonbeam McSwine weitervermietet worden zu sein. In den Straßen außerhalb des Apartments hat der schmelzende Schnee ein erlesenes Sortiment von verfallendem et cetera enthüllt. Überdies ist der soziale Organismus des Landes in Unordnung, die Weltlage verworren. Wie soll ich all dieses Durcheinander wiedergeben, und wenn ich es schaffe, was habe ich dann getan?

In einem alltäglichen Verständnis stimmen wir irgendwie dahingehend überein, daß ich versuche, sprachliche Äquivalente zu finden für das, was auch immer ich wiedergeben möchte. Bei den unbezahlten Rechnungen geht das einfach genug. Ich brauche bloß eine zu zitieren: ENDGÜLTIGER STROMABSCHALTUNGSBESCHEID. Bei Hilda und Heidi ist das etwas schwieriger. Ich kann sagen, daß sie schön sind – warum nicht –, und Sie werden mehr oder weniger zustimmen, obwohl die trockene Behauptung kaum Ihre Sinne erregt hat. Ich kann sie beschreiben – Hilda hat die Landkarte von Bolivien auf ihrer rechten Wange tätowiert, und Heidi trägt gewöhnlich an ihrer linken Hand einen aus massivem Silber gearbeiteten Schlagring –, und sie rücken einen Schritt näher. Am besten ist es wahrscheinlich, wenn ich ihnen zu sprechen erlaube, denn sie sprechen genau so wie wir.

»Am Valentinstag«, sagt Hilda, »hat er mir Austern geschickt, anderthalb Dutzend.«

»Mir hat er auch Austern geschickt«, sagt Heidi, »zwei Dutzend.«

»Meine waren langstielige Austern«, sagt Hilda, »auf einem Bett von wunderbarstem Spinat.«

»Oh ja, Spinat«, sagt Hilda, »Spinat hat er mir auch geschickt, laufende Meter Spinat, hat er alles selber geschrieben.«

Um ›durcheinander‹ adäquat wiederzugeben, bis zu dem Punkt, wo wir in der Lage sind, es zu empfinden – im Idealfall sollte es Ihnen die Schuhe ausziehen –, müßte ich anschaulicher werden, als das die Schicklichkeit bei dieser Gelegenheit erlaubt. Betont werden sollte, daß man mit Einzelheiten vorgeht. Wenn ich weiß, wie sich ein Schlagring an Heidis linker Hand anfühlt, dann deshalb, weil ich einmal einen in einer Pfandleihe gekauft habe, nicht um jemandem das Gesicht einzuschlagen, sondern um ihn auf einem Sockel in einer Ausstellung mit kulturellen Artefakten von ambivalentem Status im Museum auszustellen. Die Welt tritt in das Kunstwerk, wie sie in unsere gewöhnlichen Leben tritt, nicht als Weltsicht oder als System, sondern in scharf umrissener Partikularität: ein Steuerbescheid von Madelaine, ein Schneeball, der ein Résumé von Gaston enthält.

Die Worte, mit denen ich ›durcheinander‹ wiederzugeben versuche, sind wie alle anderen Worte nicht träge, sie sind eher schrecklich geschäftig. Wir verwechseln nicht die Worte ›die Schokolade schmeckt‹ mit dem Geschmack der Schokolade selber, aber uns entgeht auch nicht das ›necken‹ im ›schmecken‹, der ›Schock‹ in ›Schokolade‹. Worte haben Nimbusse, Patinas, Überhänge, Echos. Das Wort ›Nimbus‹ zum Beispiel kann St. Ninian heraufbeschwören, der sich in letzter Zeit zu rar gemacht hat. Das Wort ›Patina‹ erinnert an den wie poliertes Schildpatt glänzenden Nimbus des Heiligen. Das Wort ›Überhang‹ erinnert uns daran, daß wir – sie hängt über uns – eine Verabredung zum Dinner mit St. Ninian haben, diesem niederschmetternden Langweiler. Das Wort ›Echo‹ stellt uns Echo selbst wieder vor Augen, die wie das White-Rock-Mädchen auf dem Überhang einer Patina eines Nimbus schwebt – unsicherer Boden, wir wollen nicht, daß der arme Geist in den Teich stürzt, wo Narziß ewig blüht, sie werden sich gegen die Stirn schlagen oder vielleicht gegen andere Teile, weiter unten, ein Skandal. Ninians Nimbus ist über und über mit Schokolade beschmiert – ein schönes Durcheinander …

Die kombinatorische Agilität der Worte, die exponentielle Zeugung von Bedeutung, wenn sie erst einmal miteinander ins Bett gehen dürfen, erlaubt dem Schriftsteller, sich selbst zu überraschen, macht Kunst möglich, offenbart, wieviel Seiendem wir noch nicht begegnet sind. Man könnte argumentieren, daß Computer diese Sachen für uns machen könnten, mit Kritiker-Computern, die ihren Output überwachen. Wenn Computer das Witzemachen lernen, werden die Künstler ernsthaft in der Klemme sein. Aber die Künstler werden so darauf reagieren, daß sie Kunst für den Computer unmöglich machen. Sie werden die Kunst neu definieren, um die Technologie in Rechnung zu stellen (das heißt, um sie auszuschließen) – der Einfluß der Fotografie auf die Malerei und die brillante Antwort der Malerei ist ein klares und vergleichsweise neues Beispiel.

Die frühere Geschichte der Worte ist ein Aspekt der Sprache, den die Welt benutzt, um sich selbst in das Kunstwerk zu schmuggeln. Wenn Worte von der Welt kontaminiert werden können, dann können sie mit sich auch Spurenelemente der Welt in das Kunstwerk hineintragen, die in einem positiven Sinne benutzt werden können. Wir müssen uns die Vorteile unserer Nachteile gestatten.

Die Spätnachrichten: Hilda und Heidi haben ein Kind bekommen, über das sie gründlich ungehalten sind, es hat keine Kreditkarten und kann nicht Französisch, sie werden es zurückschicken … Ein Durcheinander.

*

Stil kann man sich nicht aussuchen. Man setzt sich nicht hin, um zu schreiben und zu überlegen: Wird dieses Gedicht ein Queen-Anne-Gedicht, ein Biedermeier-Gedicht, ein Wiener-Sezessions-Gedicht oder ein China-Chippendale-Gedicht? Es ist eher eine Antwort auf einen Zwang und ein Ergreifen der Gelegenheit. Sehr oft ist ein Zwang eine Gelegenheit. Es würde einem unmöglich vorkommen, den ›Don Quixote‹ noch einmal zu schreiben, und doch hat Borges das mit großartigem Stil getan, hat das Original überboten (wie er uns willig sagt), während er ihm treu geblieben ist, treu wie eine

Zecke auf einem Hundebauch. Ich will damit nicht sagen, daß nicht auch Marotten mit hineinspielen. Warum vermeide ich so weit wie möglich den Gebrauch des Semikolons? Lassen Sie mich offen sein: Das Semikolon ist häßlich, häßlich wie eine Zecke auf einem Hundebauch. Ich kneife sie aus meiner Prosa heraus. Der große deutsche Schriftsteller Arno Schmidt, interpunktionstrunken, kommt im Schnitt auf elf pro Seite.

Stil ist natürlich das *Wie*. Und der Grad, in dem das *Wie* das *Was* geworden ist – sagen wir, seit Flaubert –, ist eine Frage, über die Menschen mit Gewissen zornig werden, und das sollten sie auch. Wenn ich von meinem Freund sage, daß er in dieser Hinsicht nicht mithält, bedeutet das nicht, daß ich meinen Freund nicht liebe. Er ist andererseits der Meinung, daß ich von seltsamen Imperativen geritten werde, und daß das kleine Stück, das ich letzte Woche der Welt geschenkt habe und das ja auf seine Weise ganz nett ist, gewaltig besser geworden wäre, hätte nicht meine jämmerliche Ästhetik mich veranlaßt, es für Banjulele zu instrumentieren, eine Kreuzung aus Banjo und Uke. Babel sei Dank!

Nehmen wir an, daß ich der schärfste Banjulelespieler der Stadt bin und daß ich mich vertraglich verpflichtet habe, sechs Stunden lang ›Melancholy Baby‹ vor einem Publikum zu spielen, zu dem die vier zweitschärfsten Banjulelespieler der Stadt gehören. Wir stellen uns die verqualmte Kellerkneipe vor, die sich durchdrängelnden Kellner (die selber Jazzbanjulele studieren), Jacqueline, Jemima, Zeno, Alphonse, Gaston, Madelaine, Hilda und Heidi, die eine kongeniale Gruppe an der Bar bilden. In einem Punkt können Sie sicher sein: Ich werde ›Melancholy Baby‹ nicht so spielen, wie es geschrieben ist. Ich werde eher etwas spielen, das in gewissem Sinne parallel zu ›Melancholy Baby‹ ist, das auf den Harmonien von ›Melancholy Baby‹ basiert, das aus ›Melancholy Baby‹ gemacht wurde, das mit ›Melancholy Baby‹ *etwas zu tun hat* – Kommentar, Exegese, Entwicklung, Widerspruch. Die Bedeutung meiner Konstruktion, wenn sie denn eine hat, muß im Raum zwischen der neuen Wesenheit, die ich geschaffen habe, und dem *wirklichen* ›Melancholy Baby‹ angesiedelt werden, das weiterhin im Geist als der Horizont präsent bleibt, der meine Bemühungen begrenzt.

Dies ist, glaube ich, die Beziehung der Kunst zur Welt. Ich unterstelle, daß Kunst immer eher eine Meditation über die äußere Wirklichkeit ist als eine Repräsentation der Wirklichkeit oder ein halbgewalkter Versuch, äußere Wirklichkeit zu *sein*. Wenn ich auch nur halbwegs gut spiele, wird mir keiner vorwerfen, daß ich keine wahre, verifizierbare, Note-für-Note-Reproduktion von ›Melancholy Baby‹ geliefert habe – man wird anerkennen, daß ich darauf nicht aus war. Vor zwanzig Jahren war ich viel überzeugter von der Autonomie des literarischen Objektes, als ich das jetzt bin, und schrieb sogar eine ziemlich überzeugende Verteidigung der Behauptung, die ich eben zurückgewiesen habe: daß das Objekt selbst Welt ist. Berückt von der Rhetorik der Zeit – der Bildhauer Phillip Pavia gab ein recht gutes Magazin mit dem Titel ›It Is‹ heraus, und das war bezeichnend –, empfand ich, daß der beste Boden abgesteckt worden war, und genau darauf wollte ich meine abgelaufenen Cowboystiefel setzen. Die Behauptung ist noch immer anziehend. Was ist die richtige Antwort? Babel sei Dank!

Vor ein paar Jahren besuchte ich Willem de Koonings Atelier in East Hampton, und wenn die großen Türen geöffnet sind, muß man einfach – es ist ein Schock – die Beziehung zwischen der anstürmenden grünen Welt da draußen und den Gemälden sehen. Wie de Kooning es nun genau fertigbringt, Natur zu Kunst zu destillieren, ist ein Geheimnis, aber die explosive Beziehung ist da, das habe ich gesehen. Als ich einmal in Elaine de Koonings Atelier am Broadway war, zu einer Zeit, als der Metallbildhauer Herbert Ferber das unmittelbar darüberliegende Atelier hatte, durchdrang ein ganz entsetzliches Krachen und Knallen die Etage. »Was um alles in der Welt ist das«, fragte ich, und Elaine sagte, »Oh, Herbert denkt nach.«

Kunst spiegelt getreu die Aktivität des Geistes wider. Weil Bewußtsein, nach Husserls Formulierung, immer Bewußtsein *von* etwas ist, denkt die Kunst stets über die Welt nach, kann sie gar nicht *nicht* über die Welt nachdenken, könnte sie der Welt gar nicht den Rücken kehren, auch wenn sie das wollte. Das bedeutet nicht, daß sie so bieder wie ein Briefträger ist, viel wahrscheinlicher erscheint sie als Transvestitenkönigin. Die Probleme, die ich zuvor erwähnt habe, und andere, hier nicht aufgegriffene, zwingen zur Komplexität. ›Wir verbringen nicht viel Zeit vor einer Leinwand, deren Intentionen klar zu Tage liegen‹, schreibt Cioran, ›Musik mit einem ausdrücklichen Charakter und unzweifelhaften Konturen erschöpft unsere Geduld, das überdeutliche Gedicht scheint … unbegreiflich.‹ Flannery O'Connor, eine Künstlerin ersten Ranges, hatte bekanntermaßen eine Abneigung gegen alles, das lustig auf der Buchseite aussah, und ihr Widerwille ist weitgehend als unnachgiebige Unterdrückung eines puerilen Experimentalismus verstanden worden. Aber hatte sie auch eine Abneigung gegen alles, das an der Wand lustig aussah? Wenn ja, eine schwere Verarmung. Kunst kann nicht an einer Stelle bleiben. Ein gewisses Maß an Bewegung, auf, ab, kreuz und quer, auch ein Galopp in Richtung Vergangenheit, ist eine notwendige Vorbedingung.

Stil befähigt uns zu sprechen, wieder unsere Vorstellungskraft zu betätigen. Beckett spricht von der ›langen Sonate der Toten‹ – woher kam bloß das Wort *Sonate*, dieses Wort, das dem unordentlichsten, quälendsten Phänomen, das wir kennen, ein ordentliches, sogar erhabenes Muster aufzwingt? Das Faktum wird nicht bestritten, aber für einen Moment auf eine neue Art verstanden. Es ist unser Glück, daß wir imstande sind, uns alternative Wirklichkeiten, andere Möglichkeiten vorzustellen. Wir können konstruktiv mit der Welt streiten (keiner der heute Lebenden hat ausgiebiger oder glänzender mit der Welt gestritten als Beckett). ›Fortschrittsglaube‹, sagt Baudelaire, ›ist eine Doktrin von Faulpelzen und Belgiern.‹ Vielleicht. Aber wenn ich hier etwas Unorthodoxes anzubieten habe, dann dieses: Ich glaube, daß die Aufgabe der Kunst im wesentlichen Verbesserung ist. Das Ziel des Meditierens über die Welt ist es letztlich, die Welt zu ändern. Es ist dieser Verbesserungsaspekt der Literatur, der ihr die ethische Dimension gibt. Wir sind alle Upton Sinclairs, sogar jener Hamlet, Stéphane Mallarmé.

Nachwort

›Die Kunst ist nicht schwierig, weil sie schwierig sein möchte, sondern weil sie Kunst sein möchte. Wie sehr auch der Schriftsteller sich danach sehnen mag, in seinem Werk einfach, ehrlich und geradlinig zu sein, diese Tugenden sind für ihn nicht länger verfügbar. Er entdeckt, daß sich nicht viel tut, wenn er einfach, ehrlich und geradlinig ist: Er sagt das Sagbare, während wir das bis jetzt noch Unsagbare suchen, das bis jetzt noch nicht Gesagte.‹

Donald Barthelme

›Nicht-Wissen‹, dieser geistreiche, amüsante Exkurs Barthelmes über die Herausforderungen und Schwierigkeiten, die Möglichkeiten und Unmöglichkeiten, denen sich ein Schriftsteller heute gegenübersieht, beschließt in unserer Auswahl experimenteller Prosatexte die Bekanntschaft mit einem Erzähler, der seit Mitte der sechziger Jahre zu den einflußreichsten und kreativsten Repräsentanten des Postmodernismus, einer der innovativen Literaturströmungen in den Vereinigten Staaten, zählt. Barthelmes aufschlußreicher Essay, ursprünglich ein Vortrag, den er 1983 auf einer Universitätskonferenz über Probleme des Stils in der zeitgenössischen Literatur hielt, gestattet dem Leser einen unterhaltsamen Blick in die Werkstatt dieses häufig mißverstandenen Neuerers der amerikanischen Erzählkunst und läßt etwas von den weitgespannten Absichten und Ambitionen ahnen, die Barthelmes eigenwillige Ästhetik bestimmen, doch an seinen verspielten, skurrilen Fiktionen und Geschichten nicht immer ohne weiteres abzulesen sind. So steht Barthelme auch bei manchen Lesern, die sich durch seine phantasievoll verfremdenden Erzählungen und ironischen Text-Collagen herausgefordert und nicht selten genarrt und irritiert fühlen, im Ruf ›schwierig‹ zu sein.

Sein Werdegang erhellt bereits so manche exzentrisch und extravagant anmutende Seite seines literarischen Schaffens. Donald Barthelme wurde am 7. April 1931 in Philadelphia geboren. Seine Eltern studierten damals an der University of Pennsylvania. Noch in den dreißiger Jahren zog die Familie nach Texas, und Barthelme wuchs mit vier Geschwistern in Houston auf. Sein Vater, ein bekannter moderner Architekt in der Bauhaustradition, der sich besonders Mies van der Rohe, aber auch Le Corbusier verpflichtet fühlte, war unter anderem an der städtebaulichen Entwicklung Houstons beteiligt. Er beeinflußte und förderte die weitgefächerten künstlerischen Neigungen des Jungen. Barthelme erinnert sich aber auch vergnügt, daß sein Vater für die Familie ein Wohnhaus baute, das ein wenig wie Mies van der Rohes ›Tugendhat-Haus‹ aussah, und in dem es sich herrlich wohnte, das sich aber in der texanischen Prärie sehr merkwürdig ausnahm. Sonntags kamen die Leute von weither und bestaunten das Haus, und – so erinnert sich Barthelme – seine Familie amüsierte sich und die Zuschauer, indem sie dann auf dem Rasen vor dem Haus verrückte Tanznummern aufführte. Barthelmes Sinn für chaplinesken Humor, bizarre und groteske Episoden und witzigverspielte Einfälle scheint also auch durch solche Kindheitserlebnisse genährt worden zu sein. Nach dem Besuch der Oberschule studierte er an der University of Houston und belegte Kurse in Literatur, Geschichte, Soziologie und Philosophie. Er diente zwei Jahre in der Armee und war auch im Kriegseinsatz in Korea. Mitte der fünfziger Jahre kehrte er an die Universität zurück und war zeitweilig Reporter bei einer Zeitung, der ›Houston Post‹. Ironisch bekennt er in einem Interview zu diesen frühen journalistischen Neigungen, es schiene damals eben klar gewesen zu sein, daß ein künftiger Schriftsteller als Journalist und Reporter beginnen müsse, wie dies Hemingway getan hatte!

Während seiner Universitätszeit war Barthelme Mitbegründer und Herausgeber einer intellektuellen und literarischen Vierteljahresschrift der Universität. Bis 1962 wirkte er schließlich als Kurator einer Kunstgalerie und als Direktor des Museums für zeitgenössische Künste in Houston: Zwei Jahre lang stellte er Ausstellungen bildender Kunst zusammen und entwickelte das Programm für Theater-, Film- und Konzertaufführungen. Er fand an dieser Tätigkeit nicht nur großen Gefallen, sondern dieses übergreifende Interesse für bildende Kunst und Musik, Theater und Film regte auch seine eigenwilligen literarischen Techniken und Experimente mit kurzen Prosaformen an, mit denen er neue erzählerische Möglichkeiten erprobt.

1962 ging Barthelme nach New York und arbeitete zunächst zwei Jahre als Redakteur und Geschäftsführer eines anspruchsvollen, künstlerisch-literarischen Magazins, das der einflußreiche Kunstkritiker Harold Rosenberg gemeinsam mit Thomas B. Hess und ihm edierte. ›Location‹, jene heute nahezu legendäre Zeitschrift, brachte es zwar 1963 und 1964 nur auf zwei Nummern, doch die intellektuelle und künstlerische Aufgeschlossenheit der Atmosphäre, die Suche nach neuen originellen Ideen und niveauvollen literarischen Texten und die damals entstehenden freundschaftlichen Beziehungen zu bildenden Künstlern und Literaten New Yorks eröffneten dem jungen angehenden Schriftsteller neue Erfahrungsbereiche und weiteten seinen geistigen Horizont. Zu Beginn der sechziger Jahre begann Barthelme Geschichten zu schreiben, von denen etliche zwar in obskuren Magazinen erschienen, doch die meisten seiner Prosatexte, die heute gesammelt in neun Büchern vorliegen, wurden im renommierten ›New Yorker‹ veröffentlicht. Der betont intellektuelle, großstädtische Charakter und das geistreiche, ironische Profil der Zeitschrift kamen Barthelmes schlagfertigem Wortwitz und spöttischer Veranlagung entgegen, und die besondere Sensibilität des ›New Yorker‹ beeinflußte sicher auch die Ausprägung seiner Schreibweise. Unbestritten brachte Barthelme mit seinem aphoristischen Stil, den übermütigen Einfällen seiner Geschichten und dem phantasievollen Nachdenken über seine treffend und genau beobachtete Umwelt eine unverwechselbare, eigene Stimme in den Kreis der angesehenen Schriftsteller ein, die im ›New Yorker‹ veröffentlichen (John Cheever, John Updike, Susan Sontag, Isaac B. Singer, Saul Bellow u. a.). Ähnlich wie sein Zeitgenosse Woody Allen, mit dessen literarischer Gestaltung Barthelmes Werk manches gemeinsam hat, setzte er mit seinen schlagfertigen, witzigen Parodien, satirischen und ironischen Texten und dem gleichmütigen, lakonischen oder ernsthaften Präsentieren und Durchspielen seiner unglaublichen Begebenheiten aber auch eine Tradition des ›New Yorker‹ fort, die sich mit klangvollen Namen amerikanischer satirischer und humoristischer Cartoonisten und Schriftsteller wie James Thurber,

Saul Steinberg, S. J. Perelman und Nathanael West u. a. verbindet. Seit den sechziger Jahren veröffentlicht Barthelme nicht nur regelmäßig Geschichten, von denen zahlreiche ausgezeichnet und preisgekrönt wurden, sondern er verfaßte auch ein Kinderbuch, für das er den National Book Award for Children's Literature erhielt, sowie drei Romane. ›Schneewittchen‹ (Snow White, 1967) ist eine spritzige, freche, frivole und salopp aktualisierte Paraphrase auf das Märchen und seine Verfilmung durch Walt Disney. (Der Roman erschien übrigens vor der Buchveröffentlichung komplett abgedruckt in einer Nummer des ›New Yorker‹ – eine ungewöhnliche Auszeichnung für einen jungen Schriftsteller!) ›Der tote Vater‹ (The Dead Father, 1975), sein zweiter ›Roman‹, ist ein surreales Mosaik aus rätselhaften, merkwürdigen Episoden, auswechselbaren, gesichtslosen Figuren, banalen Dialogen, einem eingeflochtenen witzigen ›Handbuch für Söhne‹ und anderen Fragmenten, die alle in mehr oder weniger deutlicher Symbolik auf den riesenhaften, quicklebendigen ›toten Vater‹ des Titels zurückverweisen. Konsequenter als in seinen anderen Werken reproduziert Barthelme hier im Text die von ihm beklagte Sinnentleerung des modernen Lebens, die aus der zerstörten Syntax und der willkürlichen Anordnung zusammenhangloser Dialogfetzen, einem radikalen Kahlschlag der sprachlichen Gestaltung erwächst. In seiner literarischen Welt der völligen Verunsicherung und des Fehlens an Bezugsmöglichkeiten gelten keine Regeln mehr, alles ist möglich. Doch der Leser bleibt in ratloser Verwirrung zurück. Die problematischen Seiten des verbalen Surrealismus Barthelmes werden in diesem Roman nur allzu deutlich. Sein jüngster Roman schließlich, ›Paradies‹ (Paradise, 1986), erzählt mit pointiertem, lakonischem Witz, grotesker Einfallskraft und treffenden sarkastischen Seitenhieben auf den Alltag des amerikanischen Mittelstandes von der Lebens- und Ehekrise Simons, eines Architekten in den besten Jahren. Es ist, wie eine Kritikerin nachdenklich feststellte, ein beunruhigendes Buch, ›eine Phantasie von Freiheit in einer Welt, in der es keine Freiheit gibt‹.

Neben seiner außerordentlich produktiven und erfolgreichen literarischen Tätigkeit fand Barthelme Zeit und Lust, einige seiner Geschichten mit witzigen, ausgelassenen Illustrationen zu versehen, als Designer für eine Zeitschrift zu arbeiten und an verschiedenen Universitäten zu lehren.

In einer seiner Geschichten, ›Siehst du den Mond?‹, die in der Sammlung mit dem vieldeutigen Titel ›Unsägliche Praktiken, unnatürliche Akte‹ (Unspeakable Practices, Unnatural Acts, 1968) enthalten ist, untersucht ein besessener Mondforscher die ›Feindseligkeiten des Mondes gegenüber der Erde‹. Seine Methode ist ganz unwissenschaftlich: Eine willkürlich erscheinende Zusammensetzung von Souvenirs und Fragmenten der Alltagswirklichkeit. Diese Collage könnte, so hofft er, eines Tages zu neuer Bedeutung gerinnen und ein Kunstwerk ergeben. Darüber hinaus verkündet er gelassen, er sei ein ›Frühwarnsystem‹ für die noch ungeborenen Menschen, und er stellt fest: ›Das Fragment ist die einzige Form, der ich traue.‹ Dieses Bonmot ist vielleicht die am meisten mißverstandene Bemerkung aus Barthelmes Geschichten. Immer wieder meinten Kritiker darin das in aphoristischer Kürze gefaßte ästhetische Credo des Schriftstellers Barthelme entdeckt zu haben. In komischer Verzweiflung schrieb Barthelme schließlich eine witzige Glosse, in der er beteuerte, eine etwas komplexere Ästhetik zu haben, und er versicherte auch, nicht mehr länger Fragmenten zu trauen. Die Ursache für dieses Mißverständnis mancher Kritiker liegt wohl darin, daß einiges an der Methode des verrückten Mondforschers an manche der Geschichten Barthelmes erinnert. Auch Barthelme erscheint ja kraft seiner Sensibilität, seines wachen Verstandes, scharfen Urteils und schnellen Spottes als ein ›Frühwarnsystem‹: Er fügt Details aus der Alltagswirklichkeit Amerikas in seinen Texten zu *seinem* Menetekel und warnt vor den fatalen Folgen der Entwicklung in Gesellschaft und Kultur. So entwirft er in seinen Geschichten und Romanen eine verfallende Welt, in der Erfahrungen und Wahrnehmungen der Figuren aufgebrochen und aufgesplittert sind, grotesk, absurd, bedrohlich oder lächerlich erscheinen, oft keinen Sinn ergeben und doch auf beklemmende Weise einen unmittelbaren Wirklichkeitsbezug aufweisen. Unbehagen, Sorge und Angst mischen sich mit schwarzem Humor zu seinen eigentümlichen Phantasien. Die zeitgenössische gesellschaftliche und kulturelle Landschaft Amerikas bietet dem genauen Beobachter Barthelme den Stoff, aus dem die

Träume und Alpträume seiner stilisierten Figuren sind: der beklemmende, trostlose Alltag der von Gegensätzen zerrissenen Metropole New York; die vielfältigen intellektuellen Trends und die bedrohlichen technologischen Entwicklungen; die Welt der Werbung und der Massenmedien, der Fernsehserien und Quizprogramme, der Radioshows und Filme, der Tageszeitungen und der Magazine, der Comics und der Western, der Liebes- und Abenteuerromane, Science Fiction und Horrorgeschichten. Der gesamte kulturelle Ramsch und Abfall eines Zeitalters stehen zur Verfügung und bilden eine Fundgrube für den phantasiebegabten Satiriker und Parodisten Barthelme, der sich hier freizügig bedient. Aus dem ›Abfall‹, dem ›dreck‹ und ›trash‹ einer kommerzialisierten, ungeheuer wirksamen Massenkultur, gegen deren Druck sich jeder Künstler zur Wehr setzen muß, entstehen scheinbar spielerisch improvisierte, eigentümliche Wort-Kunst-Werke und verblüffende literarische Arrangements. Barthelmes Gespür für die grotesken Seiten, die Absurditäten und Ungereimtheiten des erfahrenen Alltags und ein feines Gehör für die Deformierungen der Sprache, einen heute weit verbreiteten und fortgeschrittenen Sprachverfall und Sprachzerfall, kommen seiner eigenwilligen Kultur- und Zivilisationskritik zugute. Tief beunruhigt über den Lauf der modernen Geschichte, entgeht er dabei jedoch nicht immer der Gefahr, unterschiedliche Phänomene in unhistorischer Weise gleichzusetzen. In suggestiver, assoziativer Sprachbehandlung verspottet Barthelme mit Treffsicherheit den akademischen Jargon oder die pseudointellektuellen Sprachklischees der Psychologen und Philosophen, die gefährlich ›neutrale‹ Sprache der Bürokraten und Technokraten oder die Manierismen der großstädtischen, sexy, chic und intellektuell sein wollenden gehobenen ›middle class‹ des modernen ›City Life‹.

Barthelmes Aufgeschlossenheit für die unterschiedlichen künstlerischen Experimente der europäischen und amerikanischen Avantgarde in Literatur, bildender Kunst und Musik seit Beginn des zwanzigsten Jahrhunderts eröffneten ihm weite Spielräume, seine Affinität zu diesen avantgardistischen Kunstrichtungen des frühen zwanzigsten Jahrhunderts ist offenkundig. Er griff besonders Anregungen und Impulse des Surrealismus und Dadaismus auf und ist fasziniert von den unterschiedlichen Collage- und Montage-Techniken. So erklärte er wiederholt – und trotz der sonst gebotenen Vorsicht darf man diese Äußerungen ernst nehmen –, daß er die Collage als das zentrale Prinzip aller Künste im zwanzigsten Jahrhundert ansehe und in der surrealistischen Collagetechnik eine Möglichkeit finde, über eine experimentelle Anordnung unterschiedlicher formaler Elemente zu neuen Inhalten und Bedeutungen zu gelangen, neue Einsichten beim Leser herauszufordern, der Sprache die erstrebte Frische und Neuheit zu verleihen, um so eben ›das bis jetzt noch Unsagbare … das bis jetzt noch nicht Gesagte‹ ausdrücken zu können. Mit seinen Erzähltechniken versucht er, einen neuen Zugang zur Welt zu finden. Seine Text-Collagen übertragen die avantgardistischen Techniken etwa eines Kurt Schwitters oder Jean Arp mit Ironie und Einfallsreichtum in die amerikanische Gegenwart. Sie sind dann nicht nur Kommentar und Reflex vorhandener Wirklichkeit, sondern Barthelme möchte damit eine ›neue Wirklichkeit‹ schaffen. So spielt er mit provozierender Lust am Spiel mit den vorgefundenen Materialien der Kultur, Bildung und Wissenschaft und fügt sie zu Geschichten, die mal konventionell erzählt, mal herausfordernd fragmentarisiert und unlogisch sind. Doch allesamt schärfen sie das Bewußtsein des Lesers für seine Alltagswelt und sollen seine deformierte, manipulierte, nivellierte und verschüttete Empfindsamkeit durch eine verfremdende Sicht und eine neue Wahrnehmungsweise der Wirklichkeit aufrütteln. In diesem Sinne sind seine provokanten Experimente mit erzählerischen Techniken und literarischen Konventionen zu deuten. Die Wortcollagen und Dialogfetzen, die eigenwilligen Assoziationen und komischen Aufzählungen, Listen und Formeln, die witzigen Wortspiele und Wortneuschöpfungen, die Slogans und leeren Sprachhülsen, das ungeheure Stimmengewirr sind der ›Lärm‹ des heutigen Amerika, aus dem er, wie er gesteht, ›Musik‹ machen möchte. Er mischt dabei gleichmütig Authentisches und Fiktives, zitiert freizügig aus Quellen und fügt in die belegten Passagen dann übergangslos seine bizarren Erfindungen ein. Ein Beispiel ist die Geschichte um Paul Klee, der, wie in Klees Tagebüchern nachzulesen ist, tatsächlich 1916 Flugzeugtransporte begleitete, doch natürlich kam ihm kein Flugzeug abhanden.

Hier spielt Barthelme nur einfach eine ausgedachte Situation konsequent und mit liebevoller Aufmerksamkeit für authentische Details zu Ende: Er nimmt die Eigenheiten Klees als Grundlage, verwendet einzelne Passagen aus dessen Tagebüchern und mixt sie kräftig mit einem Schuß Ironie, Spott über die Geheimpolizei und Meditationen über die Sensibilität des Künstlers: ›Das verlorene Flugzeug bedaure ich, aber nicht übermäßig. Der Krieg ist vorübergehend. Doch Zeichnungen und Schokolade dauern ewig fort.‹

In Barthelmes, oft an Jorge Luis Borges' Fiktionen erinnernden, konzentrierten, verdichteten, ›minimalistischen‹ Geschichten ist wenig Platz für konventionelle Beschreibungen und Erläuterungen, schlüssige und logische Handlungsführung, tiefgründige Konflikt- und Charaktererschließung. Barthelme erklärte in einem Interview trocken, er wolle kein ›Cousteau des Herzens‹ sein, die Abgründe der Seele auszuloten, interessiere ihn nicht, an der glitzernden, grellen, bunten Oberfläche gäbe es genug zu sehen. Er erprobt in seinen Geschichten offene Formen, ersetzt Handlung durch Stimmungen, evoziert mit teilweise lyrischen Mitteln eine Atmosphäre, die beklemmend oder grotesk ist. Neben Trends zum Phantastischen und Surrealen zeichnet sich seine Prosa durch die Betonung eines antiillusionistischen Spielcharakters der Literatur aus. Barthelme spielt mit literarischen Traditionen und Vorbildern, zitiert ironisch oder erzählt in mehrfachen Verschachtelungen ›Geschichten in Geschichten‹. So finden sich auch Texte, die wie z. B. ›Der Tropf‹ vom Schreiben von Texten handeln oder die wie die Geschichte ›Satz‹ über den eigenen Status als Satz und literarisches Produkt reflektieren. Doch auch in solchen ›meta-fiktionalen‹ Texten erzählt Barthelme eine Geschichte: Er versteckt in der Geschichte des erfolglosen Schriftstellers (›Der Tropf‹) nicht nur eine ironische Kleist-Imitation, die zu Edgars Leidwesen nur eben keine ›Mitte‹ hat, sondern auch die Geschichte über die Krise und das Versagen des Schriftstellers, Ehemannes und Vaters. Auf eigenwillige Weise thematisiert und problematisiert Barthelme damit auch die Schwierigkeiten des Schriftstellers heute – denn mitfühlend bekennt der namenlose Ich-Erzähler, er könne Edgars Dilemma verstehen: ›Schlüsse sind trügerisch, Mitten sind nirgends zu finden, aber das

Bitterste von allem ist Anfangen, Anfangen, Anfangen.‹ Der Leser, der mit solchen Geschichten konfrontiert wird, ist auf ganz neue Weise gefordert: Seine Phantasie, Sensibilität und Bereitschaft zum ›Mitspielen‹ werden gelegentlich bis aufs äußerste strapaziert. Trotz aller Eigenwilligkeiten und Individualität seiner literarischen Gestaltung fügt sich Barthelmes Schaffen in die vielfältigen amerikanischen innovativen Strömungen ein, die seit den sechziger Jahren im Zusammenhang mit ›gegenkulturellen‹ Entwicklungen zunehmend an Bedeutung gewannen und teilweise trendbestimmend wurden. Im Kontext sich wandelnder Schreibweisen und Erzählverfahren zur Erschließung und Darstellung einer Wirklichkeit, die viele Schriftsteller der USA immer intensiver als unverständlich, undurchschaubar, bedrohlich, grotesk-phantastisch und labyrinthisch empfinden, wurde diese innovative, experimentelle Prosa zu einem vieldiskutierten und umstrittenen Phänomen. Von den Kritikern und den Autoren selbst wurden phantasievolle und zugkräftige Namen gefunden – Fabulation, Metafiction, Superfiction, Literatur der Erschöpfung usw. – und schließlich wurden diese innovativen Richtungen oft einfach mit dem wenig präzisen Begriff ›Postmodernismus‹ bezeichnet, den Barthelme in seinem Essay ja auch ironisiert. Diese heterogene, in sich stark differenzierte und nicht eindeutig von anderen Strömungen abzugrenzende, postmodernistische Prosa und Dichtung verbindet sich mit bekannten und klangvollen Namen der amerikanischen Gegenwartsliteratur: Kurt Vonnegut, Robert Coover, Thomas Pynchon, E. L. Doctorow, Donald Barthelme, John Barth, William Gass, Susan Sontag, Joseph Heller u. a. Mögen sich die Kritiker über einen treffenden Namen auch noch nicht einig sein, unbestritten ist, daß hier eine Generation angetreten ist, die im Bewußtsein schreibt, die ›Nach-Moderne‹ zu sein. Oder wie Barthelme in seinem 1964 in ›Location‹ veröffentlichten Essay ›Nach Joyce‹ fragt: Wie muß der Schriftsteller heute, nach Joyce und Beckett schreiben, um eine eigene, der heutigen, veränderten Wirklichkeit entsprechende Stimme zu finden? Mit welchen Problemen und Konflikten soll und muß er sich auseinandersetzen?

Barthelmes Short-Story-Sammlungen deuten bereits in den hintersinnigen Titeln auf von ihm bevorzugte Themen- und Interessenbereiche sowie auf Traditionen, auf denen er aufbaut. ›Komm wieder, Dr. Caligari‹ (Come Back, Dr. Caligari, 1964) und ›Unsägliche Praktiken, unnatürliche Akte‹ (Unspeakable Practices, Unnatural Acts, 1968), seine beiden ersten erfolgreichen Sammlungen, mischen die Bezüge auf reale Erscheinungen einer als unnatürlich, unsäglich und absurd empfundenen amerikanischen Gegenwart – kalter Krieg, Vietnamkrieg, Rassismus, Bedrohung des Lebens durch eine zerstörerische Technologie und eine unmoralische Kriegsführung –, mit Verweisen auf die Welt des deutschen Expressionismus, aus der die Filmfigur des mythischen Dr. Caligari stammt, oder auf die Welt des Surrealismus. ›City Life‹ (1971) und ›Am Boden zerstört‹ (Sadness, 1972), ›Amateure‹ (Amateurs, 1976) und ›Tolle Tage‹ (Great Days, 1979) gestalten oft mit einem sarkastischen schwarzen Humor unterschiedliche Erscheinungsformen des heutigen Lebens, ›am Ende des mechanischen Zeitalters‹, das Barthelme mit einem nostalgischen, melancholischen Seufzer verabschiedet.

Gängige Themen der amerikanischen Gegenwartsliteratur tauchen auch in seinen Geschichten auf: die Gefährdung des Individuums, Gefühle des Identitätsverlustes, der Entfremdung und Vereinsamung der Menschen in einer alles nivellierenden Massengesellschaft, Monotonie, Apathie und eine durchdringende, unnatürliche Gewalt, die zum Alltag gehören. Daraus entstehen dann unerklärte und unerklärliche Dinge, die in den Geschichten passieren und in einer schnellen, oft sprunghaften Abfolge von Szenen vor dem Leser wie in einem Film abrollen.

Barthelme biegt vertraute literarische Konventionen um und parodiert sie. ›Daumier‹, diese spritzige Geschichte voll übermütiger Einfälle, parodiert den Western und seine zahlreichen Trivialmythen und verspottet gleichzeitig auch die zur Heilslehre hochstilisierte Psychologie, die dem ›unersättlichen Selbst‹ unentwegt neue Nahrung gibt. Dies gipfelt in Barthelmes witziger Bücherliste, in der die modische Selbstbespiegelung spöttisch aufs Korn genommen wird und schließlich in der unsinnigen Idee der ›Selbstverpflanzung‹ und der Suche nach einem ›ersättlichen‹ Surrogat. Auch das deformierte, in 100 Sätzen durchnummerierte Märchen ›Der Glasberg‹ enthält Motive, Elemente und Versatzstücke des Märchens, die Barthelme verfremdet und mit bissigem Spott zu einer Parabel über die heutige Welt fügt. Die Diskrepanz zwischen Wunsch und Erfüllung scheint in absurden Vorgängen auf, die mit traumwandlerischer Sicherheit aus realen Vorgängen abgeleitet wurden. So ist in allen Geschichten amerikanische Erfahrung in ihrer bedrängenden, verwirrenden Vielfalt trotz der grotesken Verzerrung der Darstellung immer nachvollziehbar. ›Spiel‹ und ›Report‹, beide recht konventionell erzählt, sind bestechende Beispiele dafür, wie Barthelme die aus realer Bedrohung erwachsenden Ängste mit grimmigem Humor und poetischem Einfallsreichtum sinnfällig macht. Das Ausmaß, in dem Menschen der von ihnen selbst erfundenen Maschinerie ausgeliefert sind (›Spiel‹) und die in ›Report‹ mit deutlichem Bezug auf den Aggressionskrieg der USA in Vietnam formulierte bittere Kritik Barthelmes an einer amoklaufenden Technokratie, vermittelt beklemmende Visionen einer ihrem Ende scheinbar unaufhaltsam zustrebenden Menschheit. Die Geschichten sind Warnung und Mahnung zugleich. Mit vielen seiner ungewöhnlichen Texte und ihrem eigenwilligen Meditieren über die Welt stimmt Barthelme den Leser nachdenklich und fordert dessen kritisches Urteilsvermögen heraus. Und das ist es schließlich, was er mit seiner Kunst bezweckt, denn wie stellt er in ›Nicht-Wissen‹ fest: Das Ziel des Meditierens über die Welt ist es letztlich, die Welt zu ändern.

Leipzig 1987 *Eva Manske*

Anmerkungen

In den Anmerkungen wurde keine Vollständigkeit angestrebt. Es wurden nur für das Verständnis der Texte wesentlich erscheinende bzw. nicht in gängigen Nachschlagewerken enthaltene Begiffe, Personen und Sachverhalte aufgenommen.

5 *Jacks:* amerikanisches Geschicklichkeitsspiel.

13 *Poa Pratensis Kentucky:* Kentucky Bluegrass – Grassorte mit bläulich-grünen Halmen, die besonders in für die Pferdezucht berühmten Gebieten Kentuckys vorkommt.

21 *... Truppe bei Kolin zurückhielt:* Anspielung auf die Schlacht bei Kolin 1757, eine der wichtigsten Schlachten des Siebenjährigen Krieges (1756-1763), in der die preußische Armee eine schwere Niederlage gegen das österreichische Heer erlitt.

27 *Kleenexschiffchen:* Kleenex – amerikanisches Warenzeichen für Zellstofftücher.

29 *Moholy-Nagy-Cocktails:* mögliche ironische Anspielung auf László Moholy-Nagy (1895–1946), ungarischer Maler, Graphiker und Photograph, 1923–1928 Meister am Bauhaus, seit 1937 in Chicago und dort Mitbegründer und Leiter des New Bauhaus Chicago.

30 *Rosetta Stein:* ironische Anspielung auf den Rosettastein, der zum Schlüssel für die Entzifferung der ägyptischen Hieroglyphen wurde.

Ludwig, unser Experte in Satzbau: ironische Anspielung auf Ludwig Wittgenstein (1889–1951) und dessen sprachphilosophische Untersuchungen und auf Ludwig Mies van der Rohe (1886 bis 1969), den mit dem Bauhaus verbundenen Architekten und Architekturtheoretiker, der 1930 mit dem Bau des Hauses Tugendhat in Brno Aufsehen erregte.

32 *Valiant:* Automarke der Firma Ford.

54 *Paul Klee sagte ...:* Paul Klee (1879–1940), schweizerischer Maler und Graphiker, hat während des 1. Weltkrieges tatsächlich, wie Barthelme beschreibt, ›Malerkleinarbeiten‹ erledigen

müssen und dann Flugzeuge eskortiert, unter anderem von Milbertshofen nach Cambrai, allerdings nicht im März 1916, sondern im November 1916. Vgl. Tagebücher von Paul Klee, 1898 bis 1918. Hg. von Felix Klee. Leipzig und Weimar 1980. Einzelne Passagen hat Barthelme wörtlich aus den Tagebüchern übernommen.

63 *Epithalamion:* vor dem Brautgemach gesungenes Hochzeitslied der alten Griechen und Römer.

67 *Ö. T. Vau Davis:* Im amerikanischen Original steht A. F. of L. Davis, eine Anspielung auf die American Federation of Labor, den Dachverband amerikanischer Gewerkschaften. Die Übersetzung benutzt statt dessen die Abkürzung für die BRD-Gewerkschaft Öffentliche Dienste, Transport und Verkehr (ÖTV).

76 *Wir alle haben Billy the Kid mißverstanden:* wirklicher Name William H. Bonnery (1859–1881). Berüchtigter amerikanischer Bandit und Viehdieb in New Mexico, der von einem Sheriff erschossen wurde. Sein Leben diente als Vorlage für zahlreiche Western, die ihn zumeist zu einem Volkshelden hochstilisierten.

94 *Sarah-Lawrence-College:* Das Sarah-Lawrence-College für Frauen in Bronxville, N. Y. wurde seit 1928 durch vielseitige Experimente in der Ausbildung bekannt.

Graduate-Record-Examen: Abschlußprüfung an der Universität, die eine Vorbedingung für den Erwerb des Master of Arts (M. A.) ist, des zweiten akademischen Grades in englischsprachigen u. a. Ländern.

Downtown Nursery: Baumschule.

Riker's Island: New Yorker Gefängnis.

Metropolitan: Metropolitan Museum of Arts in New York.

96 *Whitney Museum:* Whitney Museum of American Art, 1930 gegründet, sammelt vor allem moderne Kunst.

97 *Johns-Hopkins-Uni:* die Johns-Hopkins-University in Baltimore, Md., 1867 gegründet, zählt mit hervorragenden medizinischen Kliniken und naturwissenschaftlichen Instituten zu den angesehenen Universitäten der USA.

98 *Gatorade:* mineralhaltiges alkoholfreies Getränk für Sportler.

98 *M.I.T.:* Abkürzung für Massachusetts Institute of Technology, 1861 in Boston gegründet, seit 1916 in Cambridge, Mass. Führende technische Universität der USA.

Kitchen-Sink-Schule in der Dramatik: in deutscher Übersetzung etwa ›Spülbeckenkunst‹. Bürgerliche Kritiker benutzten Anfang der sechziger Jahre den Begriff diffamierend für die sozialkritischen Stücke englischer Dramatiker wie Arnold Wesker, Shelagh Delaney u. a.

Jolas-Erben: Eugene Jolas (1894–1952), amerikanischer Herausgeber und Schriftsteller, gründete 1927 mit Elliot Paul in Paris die experimentelle literarische Zeitschrift ›Transition‹, die die ›Revolution des Wortes‹ verkündete und in der u. a. James Joyce, Ernest Hemingway, Gertrude Stein, William Carlos Williams veröffentlichten.

99 *Frosts Geheimnis:* Barthelme spielt hier auf den Vers des berühmten amerikanischen Dichters Robert Frost (1874–1963) an. Das Gedicht heißt ›The Secret Sits‹ und lautet:
›We dance round in a ring and suppose,
But the Secret sits in the middle and knows.‹
In der deutschen, ›Das Geheimnis‹ betitelten Fassung von Helmut T. Heinrich:
›Wir rätseln, tanzen und freuen uns des Kreises,
Das Geheimnis in der Mitte sitzt und weiß es.‹
Vgl. Robert Frost, In Liebe lag ich mit der Welt im Streit, Berlin 1973.

100 *Bartlets ›Familiar Quotations‹:* Zitatenlexikon.

102 *›Liebesboot‹* (engl. ›Love Boat‹): amerikanische Fernsehserie.

›Die Klinik‹ (engl. ›General Hospital‹): amerikanische Fernsehserie.

105 *Rauschenbergs berühmter Ziege ...:* Robert Rauschenberg, geboren 1925, gehört zu den bekanntesten amerikanischen Malern der Gegenwart. Bei der ›berühmten Ziege‹ handelt es sich um ein Combine Painting, in dem Rauschenberg Malerei mit Objekten verband und Materialien des Alltags benutzte.

108 *... das White-Rock-Mädchen:* ›White Rock‹ ist eine Limonadenmarke.

Inhalt

Lizenzausgabe mit freundlicher Genehmigung des Autors,
des Suhrkamp Verlages, Frankfurt am Main,
und der Ernst Klett Verlage GmbH u. Co. KG, Stuttgart.
Der Vertrieb ist nur in der DDR gestattet.
ISSN 0233-1047
ISBN 3-7351-0058-9

Insel-Verlag Anton Kippenberg, Leipzig
Erste Auflage
Lizenz Nr. 351/260/39/89 LSV 7331
Gesetzt und gedruckt in den Druckwerkstätten Stollberg,
gebunden in der Kunst- und Verlagsbuchbinderei Leipzig
Schrift: Garamond-Antiqua
Überzuggestaltung: Günter Blochberger
Printed in the German Democratic Republic
Bestell-Nr. 787 369 3